초등 수학머리 공부법

초등 수학머리 공부법

초판 인쇄 2024년 7월 5일
초판 발행 2024년 7월 10일

지은이 김선홍
펴낸이 유해룡
펴낸곳 (주)스마트북스
출판등록 2010년 3월 5일 | 제2021-000149호
주소 서울시 영등포구 영등포로5길 19, 동아프라임밸리 1007호
편집전화 02)337-7800 | **영업전화** 02)337-7810 | **팩스** 02)337-7811
편집 장윤정 | **표지** 투에스북디자인 | **본문 디자인** 김경주

원고 투고 www.smartbooks21.com/about/publication
홈페이지 www.smartbooks21.com

ISBN 979-11-93674-15-4 03370

수학도 결국 읽기다

초등 수학머리 공부법

김선홍(서농쌤) 지음

스마트북스

부모들의 수학 걱정을 덜어줄 든든한 길잡이

'수독대 공부법'을 만들고 이 책을 쓰신 김선홍 님은 '수학서재'라는 근사한 이름을 가진 수학 교습소의 선생님입니다. 무수한 현장 경험을 갈고닦아 만든 수독대 공부법에 대해 읽고 있자니 여러 감정이 교차했어요. '이런 공부법을 진작 알았다면 얼마나 좋았을까.' 하는 안타까움, '이 책을 읽고 실제로 따라 해볼 수 있는 부모와 그 자녀들은 얼마나 좋을까.' 하는 부러움, 마지막으로 이렇게나 많은 수학 도서가 있다는 사실과 그 다양한 활용법에 관한 놀라움이었습니다.

수학은 정답이 있다는 게 매력이지만, 답에 이르는 과정이 훨씬 더 중요합니다. 이 책에서도 강조하듯이 처음부터 올바른 방법으로 공부해야 점점 어려워지는 수학을 잘할 수 있고 최소한 수포자가 되지 않을 수 있어요. 다만 제대로 공부하려면 다른 과목들에 비해 특히나 더 시간이 걸린다는 게 큰 걸림돌이죠. 하지만 불안하고 조급한 마음을 내려놓고 수독대 공부법이 뭔지 살펴보았으면 해요. 그럴 가치가 충분하니까요.

제 아이는 어렸을 때부터 수학을 좋아했어요. 그리고 내내 그 마음을 잘 유지하면서 학원의 도움 없이 과학고에 합격했고, 2학년에 재학 중인 지금도 여전히 수학을 좋아하고 잘합니다. 그 마음과 실력이 어디에서 비롯되었는지 이번에 확실히 알게 되었어요. 저는 이 책에서 말하는 수학 대화를 했거든요. 효용도 모른 채 일상에서 아이와 줄곧 수에 관해 재미있게 이야기하곤 했죠. 그런데 이것이 수학에 대한 제 아이의 흥미를 키웠고 수학적 사고의 바탕이 되어줬다는 것, 또 초등 때 수학 개념을 완벽히 익힌 것이 내내 강력한 도구가 되어주었음을 다시 한번 깨달았습니다. 그러니 이 책의 3~5장에서 상세히 설명되는 수독대 공부법을 읽고, 그 효용을 인지한 상태로 아이와 실제로 해나간다면 그 효과가 얼마나 대단할까 싶어요.

『초등 수학머리 공부법』은 아이가 수학을 재미있게 시작하고 제대로 공부하게 해주고 싶은 부모가 알아야 할 점, 주의해야 할 점, 실천법을 친절하고 소상하게 알려줍니다. 이제 우리에게 필요한 것은 지치지 않는 마음과 꾸준한 실천력뿐인 것이죠. 조급한 마음을 떨치고 공부하고 고민하고 실천할 결심이 선 부모에게 이 책은 더없이 훌륭하고 든든한 길잡이가 되어줄 것입니다.

김현주(「내 아이를 위한 사교육은 없다」 저자)

'수독대 공부법'이 탄생하기까지

학원은 학생 인생을 책임져주지 않는다

내가 수학 강사로 일하기 시작한 건 20대 초반의 일이다. 학원 아르바이트와 과외 교사, 전임강사 등을 거쳐 내 학원을 차리기까지 10년 이상의 시간이 걸렸다. 그 과정에서 많은 학생과 부모님을 만났고 다양한 상황을 경험했는데, 그중엔 특히 매번 의문이 드는 부분이 있었다. 역시 20대 초반, 수학 보강강사로 아르바이트를 할 때부터 생긴 의문이었다.

학원 보강강사는 수업 시간에 부족한 부분을 보였거나 숙제를 끝내지 못한 학생들을 따로 모아 보강해주는 업무를 담당한다. 그런데 당시 내 수업을 듣기 위해 보강실에 모인 학생들은 내가 해주는 설명에 대해 마치 생전 처음 접하는 내용인 듯한 반응을 보였다.

'이미 앞선 수업에서 들었을 내용과 문제인데 왜 이 아이들은 이런 반응을 보이는 거지? 담당 선생님이 잘 못 가르치셔서 그런가? 내 설명을 잘 이해하고 문제도 잘 푸는 걸 보면 공부머리가 없는 학생들은 아닌데……. 수업 시간에 자거나 딴짓을 하는 건가? 설마 그래놓고서 보강실에 와서 처음부터 다시 공부한다고? 그건 너무 시간 낭비잖아?'

이후 중등 전임강사로 일했던 때, 또 고등 수업을 맡아 진행했던 시절에도 같은 의문이 들었다.

'이건 초등학생 때 이미 배운 개념인데 이 학생들은 왜 처음 듣는 표정인 걸까?'

'이 개념들은 이미 중학 과정에서 다 나온 건데 이 아이들의 반응은 왜 이런 거지?'

10여 년이 흐른 지금의 현실도 과거와 크게 다르지 않다. 분명 초등학교 시절엔 '최소공배수' 단원과 '나눗셈' 단원에서 100점을 받으며 수학을 잘했는데, 중학생이 된 뒤엔 "최소공배수가 뭐야? 어떻게 구하지?", "나눗셈에서 검산식 구하는 방법이 뭐였지?" 같은 질문에 쩔쩔매며 대답하지 못하는 아이들이 많기 때문이다.

그런데 생각해보니 내가 가르쳤던 모든 학생들이 이와 똑같은 경향을 보인 건 아니었다. 과외 교사로 일했던 시절에 만난 어느 중학생은 전교

1등을 놓지 않는 아이였는데, 나는 그 학생을 보며 '역시 좋은 성적을 거두는 데는 이유가 있구나.' 하는 생각이 들었다. 새로운 개념이 나오면 정확히 익히고, 모든 문제의 풀이 과정을 꼼꼼히 정리하고, 명확히 이해되지 않는 부분이 생기면 표시해두었다가 내게 묻는 학생이었기 때문이다.

'학습'보다 '공부'가 중요한 초등 수학

이런 경험들을 생각한 끝에 내가 내린 결론이 있다. 바로 현재 대부분의 초등학생들은 개념을 이해하고 스스로 깨우치는 진정한 수학 공부가 아닌 정답만 골라내는 공부, 좋은 점수 받는 게 목표인 공부를 하고 있다는 것이다.

그렇다면 학생들로 하여금 이런 방식으로 수학을 공부하게 만든 건 누구일까? 답은 부모다. 모두가 그렇진 않겠으나 대개의 부모들은 아이의 점수가 곧 아이의 공부 여부를 증명해준다고 여긴다. 진정한 공부가 무엇인지를 알려주거나 현재 아이가 하고 있는 게 진짜 공부인지를 알고 싶어 하진 않는 것이다. 공부(study)란 스스로 익히고 깨우치는 과정인데 지금의 부모들은 공부보다 눈에 보이는 점수, 다시 말해 학습(learn)의 결과에만 관심을 쏟고 있다.

우리 주위의 많은 부모들은 학원을 '학업에서 부족한 부분을 보충할 수 있게끔 도움을 주는 곳'이 아니라 '당연히 다녀야 하는 곳'으로 여긴다. 어릴 때부터 수학 문제집을 많이 풀고 선행학습을 빨리 시작할수록 수학 실력이 좋아진다고 믿는 부모 또한 대다수다. 하지만 학원 많이 다니는 아이가 무조건 1등이 아닌 것처럼, 중요한 것은 '어떻게 공부하느냐'라는 걸 기억할 필요가 있다.

배우는 행위, 즉 학습은 공부가 아니다. 앞서 말했듯 공부란 스스로 깨우치고 습득하는 과정이기 때문이다. 하지만 아이들은 자기가 열심히 공부한다고 생각한다. 책상에 앉아 책을 읽고, 문제집도 다 풀고, 인터넷 강의도 챙겨 듣고, 학원 수업에 빠지지 않는다면서 말이다.

학생들이 이런 착각을 하게 된 데는 좋은 성적만 강조할 뿐 진정한 교육 방식을 고민하지 않은 어른들 탓이 크다. 막연히 "공부해!"라고만 했지 무엇이 진짜 공부인지, 올바른 공부 방법이 어떤 것인지 제대로 알려주지 않았기 때문이다.

초등 수학에서 정말로 중요한 건 학습이 아닌 '공부'다. 한 번 나온 수학 개념은 다시 교과서에 나오지 않는다. 때문에 초등 과정에서 어떤 개념 하나를 제대로 익히지 못하면, 그 부분은 고등 과정에 이르렀을 때 크나큰 구멍이 되어버린다. 초등 때부터 좋은 성적만을 강조하는 교육 방식은 당장의 점수야 잘 받게 해줄지 몰라도, 정작

가장 중요한 고등 수학 단계를 크게 흔들고 무너뜨리는 원인이 되는 것이다.

그렇기에 초등 수학 교육에서는 '공부하는 과정'을 중시해야 한다. 높은 점수를 위해 문제만 많이 풀게 할 게 아니라, 아이가 문제를 '왜 이렇게 풀었는가'를 살펴야 한다는 뜻이다.

지금은 모든 것이 빠르게 변하는 시대, 그리고 그런 변화에 맞춰 또 많은 것들이 새롭게 달라지는 시대다. 그럼에도 수학 공부법만큼은 이상하다 하리만치 예전의 것을 벗어나지 못하고 있다. 현재 아이들의 부모 세대에서나 효과적이었던 주입식 수학 교육, 암기식 문제 풀이, 선행학습이 오로지 '고득점 획득'이라는 목표만을 위해 여전히 당연시되는 것이 지금의 현실이다.

하지만 앞서 말했듯 이런 방식들은 진정한 공부법, 변화하는 시대에 맞는 공부법이라고 할 수 없다. 초등학생 때부터 아무리 열심히 수학 공부를 시킨다 한들, 방법이 잘못되었다면 좋은 결과가 나올 리 만무하다.

고등학교 수학까지 잘 해내려면 무엇보다 수학적으로 생각하는 힘, 즉 수학적 사고력을 키워야 한다. 하지만 학원을 통해 이 능력을 키울 수 있다고 생각하면 오산이다. 사고력은 평소에 조금씩 키워가는 것인 반면 학원에서는 문제 풀이만 가능하기 때문이다.

수학적 사고력은 아이와 일상을 함께하는 부모만이 키워줄 수 있는 능력이다. 언뜻 생각하면 엄청나게 어려운 일처럼 느껴질지도 모르겠다. 하지만 방법만 익히고 나면 아이와 함께 얼마든지 효과적으로 해나갈 수 있는 일이다.

또한 고등학교 때의 수학 성적은 초등학교 때의 수학 성적과 아무 상관이 없다. 수학 점수라는 것이 정말 중요해지는 고등학생 시기에 아이가 좋은 결과를 얻도록 도와주고 싶다면 초등 시기 때부터 올바른 공부법을 알려줘야 한다. 『초등 수학머리 공부법』은 수학적 사고력과 올바른 공부법, 이 둘 모두를 아이에게 심어주고자 하는 부모들을 위한 책이다.

수독대 공부법의 바탕이 되어준 것들

수학 강사로서의 내 경력은 조금 특이한 편이다. 보통의 수학 선생님들은 초등과 중등, 고등 중 한 과정에 특화되어 있어 12년에 이르는 교육 과정 전체를 연계해 가르치는 것이 어렵다. 그러나 나는 과거엔 중·고등 수학을 가르쳤고, 아이를 낳은 뒤엔 밤늦게까지 일하지 않고 육아와 병행하기 위해 초등 수학을 가르치게 되었다.

이런 경험 덕분에 나는 12년에 이르는 수학 교육 과정 전체를 아우르는 시야를 갖출 수 있었다. 그리고 이는 내가 초등부터 고등까지의 수학

로드맵을 설계하는 능력을 갖추는 데 큰 도움이 되었다. 오랫동안 다양한 학년들의 아이들을 가르치다 보니 나는 초등학생 때 수학을 잘했던 학생들도 장차 중·고등학생이 되면 어떤 부분에서 어려움을 느끼고 어떤 벽에 부딪히는지를 속속들이 파악할 수 있었다. 때문에 고등학생 때 일취월장하려면 초등 시기에 어떻게 공부해야 하는지도 자연히 깨닫게 되었다.

그런데 출산과 육아 덕에 알게 된 것은 그뿐만이 아니었다. 아이를 위해 책 육아를 하다가 접한 수학 도서의 세계는 정말 놀라웠다. 중·고등 수학만 가르쳤던 미혼 시절엔 전혀 몰랐던 세계라 더욱 그랬을 것이다. 영유아 시기 때부터 수 세기를 통해 수학적 개념을 가까이할 수 있게 해주는 책들이 시중에 나와 있다는 것, 그리고 그 만듦새의 수준들도 상당히 높다는 데 나는 놀라지 않을 수 없었다. '이런 책들을 읽으면서 성장하면 수학 공부는 식은 죽 먹기겠는걸?' 하는 생각이 절로 들 정도였다.

출산과 육아 이후에 깨달은 또 다른 한 가지가 있다. 아이들이 수학을 쉽고 재미있는 것으로 여기는 데 도움 될 만한 요소들이 일상에는 꽤 많다는 게 그것이었다. 그런 요소들을 하나하나씩 찾아낸 나는 내 아이들과 일상에서 '수학 대화'를 하기 시작했다. 수학 대화란 수학에 재미를 느끼게 하면서도 스스로 생각하는 힘을 키울 수 있는 질문들을 바탕으로 아이와 나누는 대화다.

이는 내가 수학 선생님이기 때문에 가능했던 것이 아니다. 수학 대화의 방법을 알고 나면 어느 가정의 어떤 부모든 아이가 스스로 생각하고 문제를 해결하는 수학 '공부'를 해나가게 하는 데 큰 도움을 줄 수 있다.

나는 수학 도서들과 수학 대화를 연계하는 커리큘럼을 구상하기 시작했다. 아이들이 양질의 수학 도서들을 읽고 수학 대화를 통해 여러 개념을 정확히 차곡차곡 쌓아나갈 수 있게 하는 커리큘럼이었다. 이 '수(학)독(서)대(화) 공부법'의 바탕에는 나의 오랜 교육 및 육아 경험, 그리고 '내 아이뿐 아니라 누구든 처음 수학에 발을 들일 때부터 이렇게 공부한다면 수학을 스스로 이해하고 확실히 알고 있는 학생으로 성장할 수 있다는 걸 많은 이들에게 전하고 싶다'는 소망이 있었다.

수독대 공부법의 효과는 서서히 나타나기 시작했다. 한 예로, 수학을 너무나 어려워해서 이 학원 저 학원 옮겨 다니며 공부했던 초등 저학년 학생은 수독대 공부법으로 공부한 지 얼마 지나지 않아 시계를 읽었고 연산 능력 또한 향상했다. 심지어 그 과정에서 수학에 흥미가 붙어, 숙제를 내주지 않는 날이면 다음 시간까지 스스로 공부해 오겠다는 말까지 했다. 그 학생의 엄마는 내게 진심으로 고맙다는 인사를 해주셨고, 나의 보람 또한 이루 말할 수 없었다.

그때부터 수독대 공부법은 입소문을 타기 시작했다. 많은 학부모가 궁금해하고 또 실제로 많은 아이들이 변화하는 모습을 보니, 어쩌면 이런 공부법은 사실 모두가 원해왔던 게 아닐까 싶었다. 공부인 듯 공부 아닌, 하지만 공부 같은 공부법을 말이다.

모든 아이들이 수학을 즐거워하게 될 날을 위해

그간의 교육 경험을 바탕으로 생각해보면, 고등학교 시기는 공부법과 공부 습관을 바꾸기엔 상당히 늦은 시기라는 결론이 내려진다. 오랜 시간 동안 수없이 반복해온 잘못된 공부 방법과 습관이 굳어질 대로 굳어져 있기 때문이다. 물론 절대 불가능한 일은 아니지만, 초등 6년과 중등 3년간 몸에 밴 것을 바로잡는다는 건 시간이 아주 많이 걸리거나 어려운 일임을 누구나 예상할 수 있을 것이다.

바꿔 말하면, 초등학생 아이에게 올바른 공부법을 알려주는 건 그 이후 아이가 오랫동안 해나갈 공부를 위해 정말 중요한 일이라 할 수 있다. 내가 초등·중등·고등 수학을 모두 가르쳐본 뒤 초등 수학 학원을 열게 된 이유도 바로 그것이었다. 내 아이들, 내 아이들의 친구들, 더 나아가 모든 아이가 어린 시절부터 수학을 흥미롭게 여기고 좋은 공부 습관을 바탕으로 기초를 탄탄히 다지는 데 도움이 되고 싶었던 것이다.

그러다 수독대 공부법에 대한 책을 써보기로 결심한 건 스스로를 '수포자'라 일컬으며 수학을 포기하는 아이들이 많은 게 안타까워서였다. 처음부터 수포자인 아이는 없다는 것, 수포자를 만드는 건 오랫동안 이어진 잘못된 공부법이란 것, 수학 공부는 선행학습과 엄청난 문제 풀이가 아니라 독서와 대화가 바탕이 될 때 좋은 결과로 이어진다는 것을 많은 부모에게 알려주고 싶었다.

그에 맞춰 이 책을 크게 6장으로 구성했다. 1장에서는 수학을 좋아했던 아이들마저도 수포자로 만드는 요소들을 좀 더 깊이 살펴본다. 2장에서는 초등 교육 과정 중 수포자가 가장 많이 생기는 지점들은 어디인지, 그리고 그 이유는 무엇인지를 알아본다. 3~5장에서는 독서와 대화로 아이의 수학적 사고력을 키워주는 '수독대 공부법'을 자세히 설명하면서 초등학생에 맞는 학년별 로드맵을 제시한다. 특히 '수학 대화'라는 개념이 생소하게 느껴질 독자들을 위해 관련 예시를 가능한 한 많이 담으려 애썼다. 마지막으로 6장에선 아이의 수학 공부와 관련한 부모들의 고민과 질문, 그리고 그에 대한 답변을 담았다.

수학을 잘한다는 것은 계산 능력이 빠르고 정확하다는 뜻이 아니라 스스로 생각하는 능력, 수학적·논리적으로 사고하는 능력이 뛰어나다는 뜻이다. 나는 수학만큼 모든 것을 아우르는 과목이 없다고 생각한다. 문

제를 잘 읽고 이해해야 하니 (국어만큼은 아니지만) 문해력도 요구되고, 어떻게 문제를 풀어야 할지 궁리해야 하니 사고력도 필요하고, 효율적인 방법으로 식을 세워야 하니 논리력도 갖춰야 하며, 계산도 정확해야 하니 연산력도 있어야 한다. 내가 푼 문제를 설명까지 잘 해내는 과정에선 발표력도 기를 수 있다.

이러한 수학 능력은 어느 날 갑자기 생겨나는 게 아니라 오랫동안 꾸준히 노력을 들일 때 키워진다. 비교적 시간적 여유가 있는 초등 때부터 모든 아이들이 수독대 공부법을 통해 그 능력을 키워나가기를, 그래서 수학의 진정한 매력을 느끼는 학생들로 자라나길 진심으로 바란다.

선생님의 마음과 엄마의 마음을 동시에 담아

2024년 수학서재에서 서농쌤 씀

contents

3장 수독대 공부법 1단계: 해피타임, 초등 1~2학년

4장 수독대 공부법 2단계: 집중타임, 초등 3~4학년

5장 수독대 공부법 3단계: 골든타임, 초등 5~6학년

6장 부모 수학 고민 해결소

1장

우리 아이의 수학 사교육, 이대로 좋을까?

돈 먹는 사교육,
돈값 하는 사교육

돈 낭비에 불과한 어떤 사교육

"선생님도 아이 낳아서 키워보세요. 그게 되는지."

미혼의 전임강사로 일했던 시절, 어느 학부모에게 상담전화를 걸었다가 들은 말이다.

중학교 1학년인 승현이는 수업 시간에 대답 잘하는 똑똑한 학생이었지만 지각과 결석이 잦았다. 학원 오기 직전에야 숙제를 시작하는 습관이 지각의 원인이었다. 그렇게 해온 숙제의 질이 좋다면 문제도 없었겠으나, 승현이의 숙제 목표는 내용 이해가 아닌 빈칸 채우기에 불과했다.

엉터리 숙제로 공부도 안 되는데, 그런 숙제를 하느라 지각이 잦으니 수업 내용을 제대로 듣거나 이해하기가 불가능한 건 당연했다. 이런 상황이 반복되면서 마음이 답답해진 나는 동료에게 고민을 털어놓았다.

"승현이가 수업 진도를 영 못 따라와요. 내용 이해도 힘들어하고."

그러자 동료에게선 이런 답이 돌아왔다.

"그걸 왜 네가 고민해? 너는 스케줄대로 진도 나가고 네 할 일만 잘하면 돼."

내 일은 학생을 가르치는 것이고, 그래서 학생이 잘 따라오지 못하는 게 걱정스러운 건데 그걸 고민하지 말라니……. 그날 들었던 그 말은 아직도 내 머릿속에 큰 충격으로 선명히 남아 있다.

나는 승현이 부모님과 지속적으로 상담전화를 하며 승현이가 변화하길 바랐다. 하지만 몇 달간 승현이에게선 나아질 기미가 전혀 보이지 않았다. 자연히 부모님께 전화하는 나도 스트레스, 내 말을 듣는 부모님도 스트레스, 화난 부모님의 잔소리를 듣는 승현이도 스트레스, 잔소리 듣는다고 나아질 리 없는 승현이의 행동에 나도 스트레스……. 즉, 선생님과 학부모, 학생이 돌아가며 스트레스를 받는 상황이 이어졌다.

'돈 쓰고 시간 쓰는데 이런 상황이 계속된다면 그건 과연 무엇을 위한 일일까? 공부를 왜 해야 하는지도 모르는 상태에서 학원만 오가는 게 무슨 소용이지?'

이런 생각에 이른 나는 승현이 어머니와의 전화 상담 중 한 가지 제안을 했다. 승현이가 학원을 쉬게 해보는 것은 어떠냐고 말씀드린 것이다. 승현이 정도면 학교 수업만으로도 잘 해나갈 것 같고, 설사 잠시 동안 성적이 떨어진다 해도 본인이 낮은 성적을 받는 경험을 직접 해봐야 공부에 대한 동기가 생길 거라는 설명도 함께 드렸다. "선생님도 아이 낳아서 키워보세요. 그게 되는지."는 바로 그 설명을 끝낸 뒤 들은 답변이었다.

내 진심이 그 학부모에겐 그저 학원 강사의 쓸데없는 오지랖으로 치

부된 것일까? 당시 나는 결혼 전이었고 아이를 낳겠다는 생각조차 없었지만, 그 통화를 기점으로 새로운 기준 하나를 갖게 되었다. '돈만 낭비하는 사교육은 내 아이한테 안 시킬 거야.'가 그것이었다.

사교육의 순기능적 측면

그 일로부터 10여 년이 지난 지금까지도 사교육 시장에서는 여전히 승현이 같은 사례를 볼 수 있다. 그러나 지금의 나에겐 그때의 나와 다른 점이 하나 생겼다. 과거엔 고용강사 신분이었던 터라 승현이의 경우와 같은 상황을 피할 수 없었지만, 현재는 원장이기에 그럴 필요가 없다는 게 그것이다.

과거의 나를 불편하게 만든 것은 사교육 자체가 아니라 학원 시스템이었다. 수업 듣는 아이들 모두가 제대로 공부를 한 뒤 귀가하는 것이 나의 바람이었지만 현실은 그렇지 않았다. 공부에 대한 의욕도 동기도 없이 그저 부모의 결정에 따라 학원에 온 아이들은 안타깝게도 학원 전기세를 내주기 위해 다니는 결과밖에 거두지 못했다.

물론 사교육에는 분명 순기능적인 측면이 있다. 『엄마 내공』이라는 책에서는 어떤 것이 사교육의 그러한 측면인지를 다음과 같이 설명한다.

1. '학교에서 가르쳐주는 것'이지만 잘 따라가지 못하여 (부모가 아닌) '아이' 스스로 답답함을 느껴 도움을 요청할 때, 그런데 주변에 그것을 도와줄 수 있는 어른이 없을 때, 비용을 지불하고 배우는 사교육
2. '학교에서 가르쳐주지 않는 것'을 '아이'가 배우고 싶어 할 때, 그런데

주변에 그것을 도와줄 수 있는 어른이 없을 때, 비용을 지불하고 배우는 사교육

_『엄마 내공』, 오소희, 북하우스, 2017, pp.70-71.

위의 예에서 1번은 교과학원, 2번은 제2외국어나 예체능 학원을 말한다. 하지만 수준이 너무 뛰어난 학생이라 선행학습이 필요한 경우, 또는 학교 수업의 진도를 못 따라가서 후행학습이 필요한 경우도 사교육의 순기능을 발휘할 수 있다.

더불어 수학과 관련해선 한 가지 경우를 덧붙일 수 있다. 대개 아이가 어릴 때는 부모가 수학 공부를 봐주기 마련이다. 하지만 초등학교에 입학하고 학년이 올라가면 예전에 수학을 아주 잘했던 부모라 해도 여러 이유로 한계를 느끼기 시작한다. 아는 것과 가르치는 것은 다르기 때문에 힘들기도 하고, 아이가 성장함에 따라 맞벌이에 나서는 경우가 많아 공부를 봐줄 시간이 부족해지기도 한다. 또 부모 입장에서 아이를 가르치다 보면 화를 내는 경우도 종종 발생한다. 이미 수십 번 설명했음에도 아이가 엉뚱한 소리를 하면 "좀 전에 했던 건데 왜 또 모르니?" 하며 속에서 천불이 나기 때문이다. 이런 기간이 길어지면 아이와의 관계만 안 좋아질 뿐이니 교육 전문가, 즉 사교육을 활용하는 편이 좋다.

하지만 이상의 어떤 경우가 되었든, 중요한 것은 '부모가 아닌 아이 스스로 결정한 사교육인가'다. 사실 요즘 아이들은 아주 어릴 때부터 본인의 의지와 상관없이 사교육 시장으로 내몰린다. 다시 말해 아이보다는 부모의 판단, 부모의 의지가 중요하게 작용한다는 뜻이다. 문제는 그렇게

시작된 사교육이 '돈 낭비하는 사교육'에 머물 가능성이 꽤 크다는 데 있다.

물론 "아이들은 뭔가를 생각하고 판단하는 힘이 약하니까 부모가 대신 결정해주는 건데, 그게 뭐가 문제인 걸까?" 하는 의문이 생기는 부모도 있을 것이다. 어떻게 보면 일리 있는 듯하지만, 그럼에도 나는 부모보다 아이들의 생각과 판단이 우선시되어야 한다고 생각한다.

'돈값 하는 사교육'이 되려면

나라고 해서 내 아이들에게 사교육을 전혀 안 시키는 것은 아니다. 첫째 아이만 해도 다섯 살 때부터 피아노 학원에 다니고 있으니 말이다. 하지만 그런 결정을 내리기까지는 1년이 걸렸다. 아이가 피아노를 얼마나 진지하게 배우고 싶어 하는 것인지 알아볼 필요가 있었기 때문이다. 아이의 마음이 1년간 변함없이 지속되는 걸 확인한 이후에야 나는 아이를 피아노 학원에 등록해주었다. 어렸음에도 자신이 진심으로 원했던 공부라 그런지 아이는 3년이 되어가는 지금까지도 그 학원을 즐겁게 잘 다니고 있다. 내게 있어 그 피아노 학원은 '돈값 하는 사교육'인 셈이다.

앞으로도 나는 내 아이들에게 얼마든지 사교육을 시킬 의향이 있다. 단, 여기엔 두 가지 전제가 있다. 하나는 아이가 실제로 자신의 부족함을 느껴 도움을 필요로 해야 한다는 것, 다른 하나는 어떤 학원이 좋은지를 아이 스스로 조사 비교한 뒤 어디를 다닐지 결정해야 한다는 것이다. 물론 이것이 가능하려면 적어도 초등학교 5학년은 되어야 한다. 하지만 아이로 하여금 '자신이 필요로 하거나 원하는 공부'에 대해 생각해보게하며 함께 대화를 나누는 건 그 전부터도 충분히 가능한 일이다.

현재 운영 중인 학원에서 나는 신규 학원생을 받기 이전의 첫 상담을 꼼꼼히 진행하는데, 그것도 이와 같은 맥락에서다. 서로 처음 만나는 자리에서 나는 학생과 학부모 모두에게 내 교육철학을 확실히 전달한다. 학생에게 공부할 마음이 있는지를 직접 묻고, 학생의 의지와 상관없이 부모의 판단만으로 학원에 보내려는 건 아닌지 확인하는 것이다. 아울러 공부 열의가 없는 학생으로 판단될 경우엔 권고 퇴소를 시킨다는 점도 미리 설명함으로써 '스스로 공부하려는 학생을 도와주는 곳'임을 명확히 해둔다. 내가 일하는 원동력은 돈이 아니라 학생의 발전과 성장이고, 나와 만난 학생과 학부모 모두가 '돈값 하는 사교육'에 만족하길 바라기 때문이다.

내 아이가 답이다

학원 추천 부탁이 무의미한 이유

① '괜찮은 수학학원 좀 추천해주세요.'

② '선행학습 위주로 엄청 공부시키는 학원 추천 부탁드려요!'

③ '특목고 많이 보낸 학원 아시는 분?'

④ '실력 있는 선생님이 계시는 학원 정보 부탁드립니다.'

맘카페들을 둘러보다 보면 위와 같은 내용의 글들이 심심치 않게 눈에 띈다. 그리고 그 밑에는 '○○학원이 유명하대요.', '□□학원의 △△△ 선생님 수업이 최고라 하더라고요.' 같은 댓글은 물론 학원 홍보성 댓글까지 줄줄이 달려 있다. 이런 광경을 접할 때마다 나는 안타까움과 씁쓸함이 들곤 한다.

우선 ①에서의 '괜찮은 학원'은 과연 어떤 기준의 것일까? 글쓴이가 생각하는 기준과 댓글 단 사람들의 기준은 같지 않을 것이다. 홍보성 댓글을 단 학원 담당자 입장에선 당연히 자기 학원이 괜찮은 학원일 테고 말이다.

②에 대해서는 '공부 엄청 시키는 학원은 누가 원하는 걸까? 아이일까, 부모일까?' 하는 의문이 든다. 아무래도 부모일 가능성이 높을 텐데, 솔직히 학원에 가서 오래 앉아 있는다는 게 공부를 많이 한다는 뜻은 아니다. 학원 강의실에 앉아서 선생님이 가르치는 것을 그저 눈으로만 보다가 돌아온다면 그건 시간 낭비 이상도 이하도 아니기 때문이다. 아이가 학원에 가 있는 시간과 비례하는 것은 공부 양이 아닌 학원비일 뿐이고, 공부를 잘하는 건 그 시간의 길이와 전혀 별개의 사안이다.

요즘 말로 '순공시간'이라는 게 있다. '순수하게 공부한 시간'이란 뜻인데, 이를 정확히 해석하자면 책상 앞에 앉아 있는 시간이 아니라 '스스로 깨우치는 시간'으로 이해해야 한다.

그런데 효과적인 '순공시간'은 각 아이의 성향에 따라 달라진다. 몇 시간이고 상관없이 자기가 이해할 때까지 앉아서 공부하는 아이가 있는가 하면, 일정 시간이 지난 뒤엔 반드시 잠시나마 머리를 식히고 돌아와야만 공부가 더 잘되는 아이도 있다. 그렇기에 자기 아이가 어떤 성향인지를 고려하지 않고 무조건 '아이들을 오래 붙잡아두고 공부 많이 시키는 학원'을 찾는 건 무모한 일이다.

③과 같은 제목의 글은 쉽게 말해 '성적 많이 올려주는 학원'을 찾는 글이다. 학원 앞 광고에서 '○○고 합격생', '○○대 합격생' 이름이 적힌 입간판을 본 적 있을 것이다. 좋은 학교에 가기 위해서는 당연히 모든 과

목의 성적이 좋아야 한다. 고득점 학생이 있는 학원은 이 점을 홍보한다. 특목고를 많이 보낸 학원에서는 상위권 학생 위주의 수업을 한다. 아이 수준이 상위권이 아닌데 엄마의 욕심에 특목고 많이 보낸 학원을 찾는 것이라면, 또 많은 문제 풀이보다 개념 공부와 연산 학습이 우선적으로 필요한 아이라면 그런 학원을 찾는 일은 무의미한 일이다.

④ 또한 무의미한 요청이긴 매한가지다. 공부의 질, 성적의 향상을 좌우하는 가장 기본적인 요건은 강사의 실력이나 그런 강사를 보유한 학원이 아니기 때문이다. 공부하는 당사자인 내 아이는 어떤 의지와 마음가짐을 갖고 있나? 또 어떤 목표와 방향으로 공부를 해나가려 하는가? 부모가 이런 질문에 대답할 수 없다면 그 어떤 일타강사의 수업에 아이를 들여보내도 아무 수확을 얻지 못할 것이다.

이 모든 이야기의 결론은 결국 하나로 귀결된다. 아이가 아닌 부모가 기준이 되어 질문을 올리거나 추천을 부탁하는 이런 유의 글들은 잘못되어도 한참 잘못되었다는 것이다. 물론 더 좋은 학원, 더 좋은 강사에 대한 정보를 구하면 아이에게 도움이 될 거라는 부모들의 마음을 모르는 바는 아니다. 나 역시 아이를 키우는 엄마이니 말이다. 그러나 동시에 교육자이기도 하기에 나는 그런 정보들이 오히려 아이의 건강하고 효과적인 공부를 가로막는다는 사실을 잘 알고 있다. 운이 좋아 당장의 초등 수학 점수는 오를지 몰라도, 정작 가장 중요한 고등 수학에서 무너지는 아이들을 너무나 많이 봐왔기 때문이다.

혜원이 이야기

이런 이야기를 하면 많은 학부모가 이렇게 반문한다.

"아니, 애들이 뭘 아나요? 그저 공부는 안 하고 놀려고만 드니 부모인 저라도 이리저리 알아보고 학원에 보내야죠. 스스로 학원에 다니겠다고 하는 애가 어디 있겠어요?"

그런데 세상엔 그런 아이가 실제로 존재한다. 혜원이가 바로 그런 아이였다.

몇 년 전 어느 날, 모르는 번호인데 내게 걸려온 전화가 있었다. '상담 전화이려나?' 하며 전화를 받은 나는 예상과 달리 아주 앳된 목소리에 놀라고 말았다.

"안녕하세요! 저는 ○○중학교 3학년인 조혜원이라고 해요. 선생님 수업의 수강 신청이 이미 마감되었다는 걸 알고 있지만, 그래도 혹시나 수업을 받을 수 있을지 궁금해서 연락드렸어요!"

이게 꿈인가 싶었다. 아이가 학원에 다니고 싶어 한다는 학부모와 상담한 적은 있지만, 학생으로부터 직접 상담전화를 받은 건 처음이기 때문이었다. 호기심이 생긴 나는 혜원이와 약속을 잡고 만났다.

혜원이는 학교 수업만으로 수학을 공부하기가 점점 어려워져 한때 내신에서 손을 놓았다고 했다. 하지만 앞으로 살아가는 데 있어 수학이 중요한 역할을 할 것이란 생각이 들어 다시 공부해보겠다는 마음을 먹었단다. 그렇게 하려면 중 1 수학부터 다시 배우는 것이 좋을 듯한데, 현재의 학년과 안 맞으니 스스로 학원을 찾아봤다고 했다. 그러던 중 내 블로그를 보고 교육 관련 마인드에 공감이 되어 용기 내서 연락했다는 게 혜원이의 이야기였다.

나는 혜원이를 위한 시간을 마련해 수업을 진행했다. 사실 당시 혜원이의 내신 점수는 40~50점대였기 때문에 큰 기대는 없었다. 그런데 혜원이는 그 누구보다 공부 방식이 제대로 자리 잡힌 학생이었다. 수업을 받다가 잘 모르는 부분이 나오면 그냥 넘어가는 법 없이 질문을 했고, 설명을 들은 뒤 자신이 명확히 이해했다고 판단되어야만 다음 단계를 공부했다. 숙제로 풀어오는 문제들은 모두 다 맞았고, 답은 맞췄지만 이해가 미진하다 싶은 문제가 있으면 그 부분까지도 확실히 해결하고 넘어갔다.

혜원이는 내가 생각하는 '올바른 공부'를 하는 아이였다. 그래서인지 '예전부터 이렇게 공부했더라면 학교 내신도 좋았을 텐데……' 하는 아쉬움이 더욱 크게 들었다.

하루는 "학교에서도 이렇게 선생님께 질문하며 공부하긴 어려웠던 거야?"라고 물었더니 "학교 선생님께 질문하는 데는 한계가 있었어요. 그게 수학 공부를 포기했던 이유였고요."라는 답이 돌아왔다. 수학 공부는 시간이 걸려도 제대로 하는 것이 맞다. 그리고 내가 경험한 혜원이는 개념을 확실히 이해하는 데 시간이 필요한 학생이었다. '아무래도 학교에선 그 시간이 충분히 주어지지 않았을 테니 혜원이가 힘든 것도 당연했겠구나.' 싶어졌다.

혜원이는 중학교 1~3학년의 대수 파트를 나와 함께 다시 배우며 정리했고, 도형 파트를 공부할 때는 스스로 해결하는 공부법을 깨달았다. 그런 뒤 내게 "선생님, 2학기 도형 파트는 저 혼자 공부해볼게요."라 했다. 처음 내게 전화를 걸었을 때 그랬듯, 학원을 그만 다녀도 되겠다는 결정 또한 자신이 내린 것이다. 무엇이든 스스로 깨닫고 해나가는 혜원이의 생각과 말이 너무나 예뻐 나는 박수까지 치며 감격해했다.

가장 좋은 답은 내 아이에게 있다

혜원이는 분명 최상위권은 아니었다. 아니, 사실은 중하위권 학생이었다. 하지만 의지가 강했고 공부법 또한 올바른 덕분에 성적도 빠르게 올랐다. 그리고 이미 언급했듯 '이제부턴 나 혼자 공부해보겠다'라는 결정도 스스로 내렸다. '학원에 의존하는' 학생이 아니라 '학원을 이용하는' 학생이었던 것이다.

> 최상위권들은 고등학교에 진학하면 혼자서 공부하는 시간을 압도적으로 늘립니다. 학원은 꼭 필요한 경우에만 선택적으로 이용합니다. 중하위권은 학원에 '의존'하고, 최상위권은 학원을 '이용'합니다.
>
> _『어머니 사교육을 줄이셔야 합니다』, 정승익, 메이트북스, 2023, p.72.

학원에 의존만 하는 학생들은 고득점을 하기가 어렵다. 다시 말해 학원 등의 사교육을 얼마나 주도적으로 '이용'할 줄 아는가가 향후 성적의 방향을 좌우한다는 의미다. 그런 면에서 보면 학원의 등록과 중단을 스스로 판단하고 결정할 줄 아는 혜원이의 실력이 빠르게 발전한 건 당연한 일이라 해야겠다.

혜원이는 내게 매우 놀라운 학생이었다. 그런데 실은 그보다 더 나를 놀라게 한 사람이 있었다. 바로 혜원이의 어머니였다. 부모와의 상담 없이 학생이 직접 신청해 등록하는 상황이라 전화상담이라도 하는 게 좋겠다고 말씀드리니 혜원이 어머니는 이렇게 답하셨다. "혜원이를 믿어요. 본인이 알아서 학원을 잘 알아봤을 테니 저는 아이가 하고자 하는 바를 지원만 해주려 합니다."

부모가 아이를 믿으면 이런 상황은 누구나 만들 수 있다. 아이를 믿으며 지원만 해주는 부모가 되는 건 내 꿈이었다. 하지만 주변에 이런 생각을 가진 사람이 없어서 물음표를 품고 살았는데, 내 눈으로 혜원이네를 본 후 역시 내 생각이 맞다는 희망을 가지게 되었다.

공부에 의지가 있는 학생은 필요하다면 그들이 먼저 사교육의 도움을 요청한다. 그러니 부모 자신의 기준은 잠시 내려놓고 '답은 내 아이에게 있다'는 점을 되새기며 아이가 먼저 학원의 필요를 이야기할 때까지 느긋하게 기다려주자.

선행은
불안을 먹고 자란다

불안은 힘이 세다

아이를 학원에 왜 보내냐고 물으면 부모들에게선 대개 이런 답이 나온다.

"우리 애는 집에서는 공부 안 하니까 학원이라도 다니게 해야 해요."

"다들 미리미리 학원 다니며 선행해야 나중에 성적이 올라간다고 하더라고요."

어떤 부모는 아이 친구들 중 누군가가 시험을 잘 봤다는 이야기를 들으면 아이에게 대뜸 이렇게 묻는다.

"이번에 래원이 성적 엄청 올랐다며? 무슨 학원 다닌다니? 문제집은 뭘 풀고?"

실제로 이와 비슷한 예에 해당하는 내 친구도 있었다. 다른 아이 엄마들과 만나고 관계를 유지하는 것을 버거워하면서도 그들과의 만남에 꽤 많은 시간을 할애하는 친구였다.

나와 만날 때면 그 친구는 '엄마들 모임에서와는 대화의 주제가 달라서 새로운 생각을 많이 하게 된다'고 이야기하곤 했다. 그러나 교육에 대한 내 이야기만큼은 귀담아듣지 않았다. 친구는 아이가 어렸을 때부터 여러 학원에 보냈고, 생활비 걱정을 하면서도 다른 엄마들로부터 정보들을 얻고 학원을 알아보러 다니기에 바빴다. 그렇게 하지 말라는 나의 만류에는 "우리 애는 네 애와 달라. 내가 이렇게 미리미리 알아보고 보내지 않으면 뒤처질 게 뻔해."라는 답이 돌아왔다.

불안은 힘이 세다. 진도를 빨리 빼기보다는 여러 수학 개념을 차근차근 확실히 가르치겠다는 내 교육철학과 방향에 동의했던 학부모들로부터도 간혹 불안감에 가득 찬 전화를 받곤 한다.

"선생님, 내년이면 우리 지영이도 중학생이 되니까 빨리 선행학습을 시작해야 하지 않을까요?"

당시 6학년이었던 지영이는 2학기 수학의 응용심화 문제를 풀어나가는 단계였다. 평소에는 선행 이야기를 전혀 하지 않던 분이 이런 전화를 하신 건 분명 불안감이 자극되었기 때문일 거란 직감이 들었다.

"어머님, 지금 지영이는 6학년 2학기 과정을 잘 복습하고 있습니다. 이 속도면 겨울방학 전에 중등 1학년 개념 들어갈 테니 안심하셔도 되고요. 그런데 이렇게 전화 주신 걸 보니 뭔가 불안하셨나 보네요?"

"아, 네……. 아이 친구 엄마들 모임에 다녀왔는데, 현재 아이들 중에서 선행을 안 하고 있는 게 지영이밖에 없더라고요. 그걸 알고 나니 점점 불안해져서 연락 드렸어요."

"그러셨군요. 그런 말 들으면 마음이 흔들리고 불안해지는 건 당연하죠. 하지만 그분들은 고등 수학에 대해 아시는 게 별로 없으실 거예요. 지영이 인생을 대신 책임져주실 것도 아닐 테고요. 지영이는 지금 아주 잘하고 있으니 우리도 지영이를 계속 믿어보죠."

대한민국 수학 일타강사 정승제 선생님도 이와 유사한 경험담을 유튜브 방송에서 이야기한 적이 있다. 친구와 통화하던 중 중학교 1학년 학생이 미분 공부까지 끝냈다는 이야기를 듣고선 "중요한 건 선행학습이 아니라 정확히 알고 있는가야."라 했다가 이런 말을 들었다는 것이다.

"네가 고3 애들만 가르치다 보니 현실감각이 없구나, 얘~"

선행의 덫, 이렇게 만들어진다

정승제 선생님은 이런 현상이 학부모들의 개인적인 성향 탓에 생겨나는 게 아니라 사회에 의해 만들어지는 것임을 지적했다. 그리고 나 또한 그 의견에 동감한다.

여태 학원 한 번 안 보내고 아이를 키워온 부모 입장에서 "아니, 어머니! 다른 아이들은 지금 다 선행 나가고 있는데 지금껏 뭐 하셨어요?" 같은 말을 들으면 '내가 그간 너무 애를 방치했나? 나 때문에 우리 애만 뒤처지면 어쩌지?' 싶어지는 게 당연지사다. 불안해지는 것만으로도 괴로운데 죄책감까지 더해지는 경우도 심심치 않다. 급해진 마음에 부지런히 이 학원 저 학원 알아봐 그중 한 군데에 아이를 집어넣고 나면 그제야 안도감이 든다. 그러고선 그런 마음을 또 다른 엄마들에게 털어놓는다. "알고 보니 우리 ○○이 말고 다른 아이들은 모두 선행 중이더라고요. 그래서 좀 늦었지만 이제부터라도 시키려고 학원에 등록했어요." 이런 말들이 여러 사람들 사이에서 돌고 돌다 보니 선행학습을 안 하면 마치 큰일이라도 나는 듯한 사회 분위기가 만들어진 것이다.

하지만 정승제 선생님의 이야기를 포함해 내가 읽은 교육 관련 서적들 중 선행학습을 강조하는 책은 단 한 권도 없었다. 또한 당장 나부터도 그렇듯, 교육에 진심인 선생님들 중엔 그 누구도 선행학습이 중요하다고 이야기하지 않는다. '빨리 가는 것보다 제대로 가는 것이 중요하다.', 이것이 모두가 이구동성으로 강조하는 점이다.

그렇다면 '선행학습이 중요하다'라는, 많은 부모들이 진리처럼 여기는 말은 대체 어디에서 시작된 걸까? 아마 학원 등록 담당자들이지 않을까 싶다. 개원 목표가 무엇이었든 간에 학원은 돈을 벌고 이윤을 남겨야 하는 기업이라는 점에서 학교와 다를 수밖에 없다. 따라서 자연히 수강생 수를 늘릴 방안이 무엇일지 고민하기 마련인데, 가장 효과적인 방법은 역시 '불안감 조성'이라는 게 내 생각이다. 『수학 잘하는 아이는 이렇게 공부합니다』라는 책에는 초등학생 때부터 선행학습에 나서는 원인이 다음처럼 정리되어 있다.

> 첫째, 심화를 하는 것보다는 선행을 나가는 것이 학생이든 선생님이든 더 쉽고 편하기 때문입니다.
> 둘째, 고등과 달리 초등과 중등은 학습량이 적어 진도를 빼기가 쉽습니다.
> 셋째, 초등과 중등은 시험 문제가 쉽거나 절대평가라서, 아이가 수학 실력이 있는지 없는지 시험 점수만 가지고는 제대로 알기 쉽지 않습니다.
> (중략)

> 학원에서는 차별화의 방법으로 선행을 사용하는 것입니다.
> 초중등 학원에서는 선행이 학원생들 퇴원을 막는 방편이자, 가정학습으로 진도가 느린 학생들을 학원으로 유입시키는 무기입니다.
>
> _『수학 잘하는 아이는 이렇게 공부합니다』, 류승재, 블루무스, 2021, pp.67-70.

필요한 건 부모의 마인드 콘트롤

그런데 참 신기하다. 해가 갈수록 선행학습하는 학생 수는 증가하는데, 수학 잘하는 학생 수는 줄어들고 있으니 말이다. 1년 선행을 했다는 아이에게 현행 과정의 테스트용 문제를 풀어보게 하면 100점은커녕 60~70점만을 받는 경우가 비일비재하다. 내가 가르치는 중 2 학생은 이런 이야기를 나한테서 듣고선 다음과 같은 말을 하기도 했다.

"쌤 말이 다 맞아요! 제 친구 중에 지금 학원에서 고 2 문제 공부하는 애가 있는데, 학교 수학 수업에서 칠판 앞에 나가 문제를 풀어야 할 땐 못 풀더라고요!"

앞서 나는 '사교육 자체가 나쁜 게 아니라 부모 기준에서 고르고 결정하는 사교육이 좋지 않은 것'이라 한 바 있다. 선행학습에 대해서도 마찬가지 이야기를 할 수 있다. 나쁜 건 선행학습 자체가 아니라, 아이에게 정말 필요한 상황이 아님에도 강행하는 선행학습이다. 학습 능력이 뛰어난 아이라면, 또 아이가 원한다면 그 수준에 맞춘 선행학습을 하게 하는 편이 오히려 아이를 위한 방법일 것이다. 그러나 오로지 점수만을 위한 선행학습, 불안감 해소를 위한 선행학습은 부작용을 일으킬 가능성이 높다.

하진이 엄마는 우리 학원에서 책 읽기로 수학을 가르친다는 이야기를 듣고 관심이 생겼다며 상담을 온 분이었다. 그러나 그분은 상담 시간 내내 불안감을 떨치지 못했다. 내 교육 방식은 마음에 들지만 무리한 선행학습을 시키진 않는다는 점이 발목을 잡는 듯했다.

사실 테스트 결과를 바탕으로 보건대, 하진이는 선행보다 현행 진도에서 약한 부분들이 많아 그것부터 보완해야 하는 상황이었다. 그래서 '선행을 원하시면 다른 학원을 알아보시는 게 좋겠다'고 이야기했는데, 그럼에도 그분은 독서 역시 중요하다고 생각하셔서인지 아이를 학원에 등록하셨다. 그러나 하진이는 세 번의 수업을 들은 후엔 아무 연락도 없이 학원에 오지 않았다. 이 역시 부모가 선행학습에 대한 불안감을 떨치지 못한 예에 해당한다.

'선행이 중요하다'는 학원 등록 담당자나 주변 부모들의 말은 바로바로 귀담아 들으면서, 그토록 많은 교육 전문가나 교육 관련 서적 들의 이야기를 듣지 않게 만드는 건 불안이다. 내 안의 기준이나 나만의 가치관이 약하면 그런 불안에 무릎을 꿇을 수밖에 없다.

그러니 부모들은 마인드 콘트롤을 단단히 할 필요가 있다. 불안감을 불러일으키는 말들에 휘둘리지 않고 교육 전문가들, 그리고 선행학습 없이도 성공의 길을 걸은 이들의 말을 들으면서 말이다.

정말 아무리 말해도 아무도 믿지 않는데요, 초등 때 중등 것을 미리 할 필요가 없습니다. 중등 때 아이의 학습 역량을 보고 선행을 시작해도 정말 늦지 않아요. 늦지 않는 것뿐만이 아니라 축적된 에너지로 훨씬 더 힘차

게 달려갑니다. 입시생도 아닌 어린 초등생들이 학교 끝나자마자 다시 학원에 가서 또 강의를 듣고 집에 와서 밤늦게까지 숙제에 시달리는 생활을 계속할 수 없다는 걸 왜 모르십니까.

_『내 아이를 위한 사교육은 없다』, 김현주, 청림라이프, 2024, p.299.

불안감에 시달릴 자신이 아직 확고하지 않다면, 불안을 자극시키는 이들과의 만남은 한동안 피해보는 것도 방법이 될 수 있다. 옆집 아이의 성적이 오르든 말든, 아이 친구가 어떤 유명 학원이나 유명 강사의 선행 수업을 듣든 말든, 중요한 건 내 아이가 올바른 방식으로 차근차근히 공부해나가고 있는가의 여부임을 기억하자.

왜 '국포자'나 '영포자'는 없을까?

수학을 포기한 사람, '수포자'

언제부터인가 '수포자'란 말이 유행하기 시작했다. '수학을 포기한 사람'이라는 뜻의 줄임말이다. 일반 유행어라면 얼마간 사람들 입에 오르내리다 사라졌을 텐데, 이 표현은 지금까지 몇 년째 계속 사용되고 있다.

사실 이건 신기하기도 하고 이상하기도 한 현상이다. 다른 과목에 대해선 이런 식의 표현이 존재하지 않기 때문이다. 심지어 국어나 영어는 수학과 더불어 흔히 가장 중요하다고 강조되는 과목임에도 나는 '국포자'나 '영포자'란 표현을 들어본 적이 없다. 도대체 수학이라는 과목에서만 포기자가 양산되는 이유는 뭘까? 내가 생각하는 몇 가지 이유를 정리해 봤다.

수포자 발생의 원인 ①: 무분별한 선행

앞서 얘기했듯 수학은 저학년 때 접하는 개념들을 정확히 파악해두지 않으면 고학년 수학의 내용은 당연히 알 수 없는 나선형 구조로 이루어져 있다. 다른 모든 것들도 그렇겠지만, 특히나 수학은 바로 이런 점 때문에 단단한 기초의 중요성을 아무리 강조해도 지나치지 않은 과목이다.

어떤 분야에서든 기초를 튼튼히 다지고 싶다면 시간과 노력을 투자해야 한다. 속도전을 지양하고 양보다는 질을 중시해야 하는 것이다. 그런데 부모의 욕심만 앞세운 무분별한 선행은 '속도전' 그 자체이고, 동시에 수포자를 양산하는 일등공신이다.

선행을 강조하는 이들이 흔히 함께 하는 말 중 하나는 "빨리 선행해서 진도를 쭉쭉 빼놓아야 나중에 복습도 많이 할 수 있어요."다. 하지만 이는 매우 잘못된 이야기다. 그 말이 사실이라면 현재 선행 중인 그 많은 아이들 모두가 좋은 결과를 보이고 있어야 하는데, 현실은 그렇지 않기 때문이다.

얼마 전 학교에서 배운 1단원을 아직 제대로 이해하지도 못했는데 아이들은 학원으로 떠밀려 가 2단원, 3단원을 배운다. 한 학기 정도가 지나고 나면 학원에선 이미 그다음 학년의 진도를 나가고 있다.

이런 식으로 몇 년을 보내다 보면 문제는 수습이 어려울 정도로 커진다. 고등학생이 되면 중학생 때 나온 개념을 바탕으로 한 단계 더 높은 공부를 해야 하는데, 그게 안 되니 처음으로 돌아가 개념 이해부터 다시 해야 하는 암담한 상황이 벌어지는 것이다. 굳은 각오와 엄청난 노력으로 이 난관을 넘어서는 아이들도 물론 존재한다. 하지만 상당수 학생들은 이런 현실을 접하고선 '난 늦었어. 가망이 없어.' 하며 자포자기하고, 그렇게 수포자가 되어버리고 만다.

수포자 발생의 원인 ②: 자기주도학습과 거리가 먼 학원

앞서 잠시 언급했듯 학원은 그 자체가 이윤을 목적으로 하는 회사이기에, 원생 모집을 위해 지레 불안감을 조성하는 곳들이 많다. 그리고 그런 방법을 통해 학생들이 모인 다음엔 그 아이들이 빠른 성과를 내게끔 만드는 데 집중한다. '성적 올려주는 학원'이라는 평을 받지 못하면 다른 학원들로 학생들이 썰물처럼 빠져나갈 게 분명하기 때문이다.

그렇기에 이런 학원들은 아이들에게 유형 풀이법을 암기하게 한다. 또한 몇 시간이 걸리든 스스로 생각해 풀어낼 문제보다는 '빈칸 채우기'처럼 기계적으로 풀어내는 형태의 문제들을 숙제로 많이 안겨준다. 이런 교육 방식의 큰 단점은 몇몇 착시 현상을 불러일으킨다는 데 있다.

우선 학생 입장에서 보자면, 제대로 공부한 게 아님에도 자신이 공부를 했다는 착각이 든다. 학원에 빠지지 않고 다녔고, 빈칸 채우기도 열심히 했으니 말이다. 심지어 이런 방식은 단기적으로나마 성적을 반짝 오르게도 해주니 아이는 자신이 옳은 방식으로 공부하고 있다는 자신감까지 들 수 있다.

반짝 성적은 부모들도 착각에 빠뜨린다. '그동안 우리 아이가 방법을 몰라서 못했는데 이제야 좋은 학원(혹은 선생님)을 만났구나.' 하면서 안도하는 것이다. 그 학원이나 선생님에 대한 신뢰도가 올라가는 건 물론이다.

하지만 이런 방식은 학생의 기초를 다져주거나 사고력을 키워주지 못

한다. 기본 개념 이해가 부실하고 사고력도 약한 아이가 좋은 성적을 거두지 못하는 건 당연한 결과다. 자신이 접해보지 못한 새로운 형태의 문제를 보면 그 풀이에 필요한 개념을 활용할 수도, 풀이 방법을 스스로 궁리하지도 못하기 때문이다. 그리고 이런 아이들은 자연히 그다음 수순으로 '수포자'가 되어버린다.

수포자 발생의 원인 ③: 사교육만 믿는 부모

상담을 하다 보면 자기 아이의 공부 스타일을 제대로 알지 못하고 있는 부모가 많다는 걸 자주 느낀다. 물론 부모가 아이의 모든 걸 파악하기란 힘든 일이고, 학원 등의 사교육이 그런 면을 보완해준다는 장점도 있는 것이 사실이다. 그러나 '단점 보완을 위한 사교육 활용'과 '사교육만 믿는 방임'은 전혀 다르다.

학원이든 과외든, 일대일 수업이라면 모르겠으나 그게 아닌 경우엔 학생을 완전히 파악하기가 어렵다. 아니, 일대일이라 해도 선생님이 얼마나 면밀한 노력을 기울이느냐에 따라 학생을 파악하는 결과 또한 달라질 수 있다.

그렇기에 '좋다는 수학 학원에 보냈으니(혹은 선생님을 붙였으니) 알아서 잘 해주시겠지.' 하는 데 그치는 건 위험한 일이다. 부모로서 해야 할 일은 아이의 공부 성향, 그리고 강점과 약점을 파악한 뒤 그에 맞게 사교육을 활용하는 것이다. 즉, 사교육을 시키더라도 아이에게 도움이 될 방향으로 안내할 수 있어야 한다는 뜻이다.

내 아이를 맡긴 학원이나 과외 선생님이 아이에 대한 피드백을 부모에게 먼저 준다면 좋은 일이다. 하지만 그렇지 않은 경우엔 부모가 요청할 줄도 알아야 한다. 간혹 "선생님도 바쁘실 텐데 이것저것 묻기가 죄송해요." 하는 부모들도 있다. 물론 너무 자주 묻고 연락하면 서로 불편해지겠지만, 적어도 한 달에 한 번 정도는 피드백 요청을 통해 아이의 공부 상황을 함께 파악하고 있어야 한다. 특히나 저학년 때부터 단단히 기초를 다져나가야 하는 수학의 경우엔 더욱더 그렇다.

한 가지 팁을 덧붙이자면, 아이에 대해 물었을 때 아무 근거 없이 "○○이는 아주 잘하고 있어요."라는 식의 애매한 평가만 들려주는 학원이나 선생님은 피하는 것이 좋다. 그런 평가는 곧 내 아이의 장단점과 현 상태를 제대로 파악하지 못하고 있다는 증거이기도 하기 때문이다.

피드백을 듣고 아이의 부족한 부분을 알아야 가정에서도 채워줄 수 있다. 그러니 절대 사교육에만 아이를 맡겨두고 방치하지 말자. 이는 아이가 고등학생이 되었을 때 결국 수학에 무릎을 꿇고 수포자가 되게끔 방관하는 것과 다름없다.

2장

수포자는 언제 생길까?

'수포자 갈림길'을 미리 피할 수 있다면

수포자를 방지하는 또 다른 요소들

1장에서는 무분별한 선행과 사교육, 부모의 불안, 원생 모으기에 급급한 학원들이 어떻게 아이들의 수학 공부에 결과적으로 피해를 주는지 살펴보았다. 그럼 선행을 하지 않고 그저 굳건히 아이를 믿고 기다려주기만 하면 모든 학생들이 수포자가 되지 않을 수 있을까? 그렇진 않다. 1장에서 이야기한 것은 아이들의 학업 외적인 요소가 장기적 관점에서 수학 공부에 미치는 영향만이었기 때문이다.

고등 수학에서의 좋은 성적은 학업 내적인 요소들까지도 모두 갖춰질 때 가능한 결과다. 이때의 '학업 내적인 요소들'이란 수학을 공부하는 방법, 수학 공부에 필요한 여타 능력 등 어렸을 때부터 아이가 직접 키워나가야 하는 것들을 뜻한다. 2장에서는 수포자가 되지 않게끔 방지해주는 이런 요소들을 초등 과정에 집중해 좀 더 면밀히 살펴보려 한다.

더불어 초등 수학 과정에서 등장하는 '수포자의 갈림길'도 함께 정리해보았다. 사실 어떤 단원이 쉬운지, 혹은 어려운지에 대해선 각각의 아이들마다 느끼는 바가 다르다. 그럼에도 시야를 넓혀 바라보면 상대적으로 많은 아이들이 힘겨워하는 단원들이 분명 존재한다. 내가 제시하는 '갈림길'은 그런 단원들을 지칭한다. 그러니 '이 단원은 모든 아이들이 어려워한다'는 데 초점을 맞추기보다는, 내 아이가 어떤 점에서 해당 단원을 어려워하는지를 파악하고 설명해주는 데 도움이 되는 자료로 활용하길 바란다.

초등 저학년 수학의 특징

초등 1~2학년 아이들에게선 수학이 어렵다는 말을 잘 들을 수 없다. 공교육에서의 첫 수학 교육 과정인 만큼 큰 부담감 없이 재미있게 여러 개념을 익히게 디자인된 덕분일 것이다.

그럼에도 1~2학년 과정에서 아이들이 비교적 어려워하는 부분을 딱 하나 고르라면 '여러 가지 방법으로 하는 덧셈과 뺄셈'이다. 여기에서의 덧셈과 뺄셈은 우리가 흔히 알고 있는 연산법이 아닌, '수 가르기'와 '수 모으기'를 활용해 계산하는 셈법이다. '38+26', '52−39'의 경우를 예로 들어 다음의 여러 계산법들을 살펴보자.

· 38 + 26

① 38에 20을 먼저 더하고 6을 더하기

② 30과 20을 더한 값에 8과 6을 더한 값을 더하기

③ 26을 2와 24로 가른 후 38에 2를 더하고, 그 값에 24를 더하기

· 52 - 39

① 52에서 30을 먼저 뺀 뒤 그 값에서 9를 또 빼기

② 52와 39에 1씩 더한 뒤 53에서 40을 빼기

③ 39를 32와 7로 가르고, 52에서 32를 먼저 뺀 뒤 그 값에서 7을 또 빼기

요즘 인스타그램의 광고나 피드를 보면 '새로운 연산법'이라며 이런 셈법들이 소개되곤 하는데, 아마 일반 연산법만 배운 세대의 사람들에게만 새롭게 느껴질 것이다. 지금의 초등학생들은 공교육 과정에서 배우는 내용이기 때문이다.

다만 모으기와 가르기의 개념을 확실히 인지하지 못한 채 연산법에만 익숙해진 아이들은 이런 다양한 셈법, 특히 뺄셈의 방식들을 이해하기 어려워한다. 개념을 익히고 그것을 어떻게 셈에 활용해야 하는지를 익히기도 전에 연산법부터 배워버린 경우의 부작용이라 하겠다.

이 부분만 제외하면 초등 1~2학년 아이들은 대개 수학을 즐기고, 부모 역시 아이에게 수학 지도를 해줄 때 큰 어려움을 느끼지 않는다. 그러나 수학에 있어 기초 중의 기초를 배우는 학년들인 만큼, 부모는 아이가 각 단원에서 다뤄지는 수학 개념을 정확히 알고 공부할 수 있게끔 도와줘야 한다.

초등 수학의 수포자 갈림길 ①
: 나눗셈, 분수

3학년 2학기, 나눗셈이 어려워진다

아이가 초등 3학년생이 되면 수학 학원을 알아보기 위해 슬슬 바빠지는 부모들이 많다. 이 시기부터는 수학 과목에서 다루는 내용과 어휘가 많아진다. 그래서 아이들 입장에선 수학이 갑자기 확 어려워졌다고 느끼기 마련인데, 부모 입장에서도 그 어려움을 잘 해결해주기가 쉽지 않기 때문에 학원을 찾는 것이다.

초등 3학년 아이들이 이구동성으로 어려움을 토로하는 첫 번째 수포자 갈림길은 나눗셈이다. 사실 나눗셈은 3학년 과정 내내 다뤄지는데, 1학기의 나눗셈은 구구단만 잘 외우고 있으면 수월히 넘어갈 수 있다. 반면 2학기의 나눗셈 문제들은 나누기의 개념을 명확히 이해하는 상태가 아니라면 풀기 어렵기 때문에, 이 갈림길에서 어떻게 공부하느냐에 따라 방향이 달라진다.

곱셈의 기초는 덧셈, 나눗셈의 기초는 뺄셈이다. 대개의 아이들은 덧셈보다 뺄셈을 더 어려워한다. 덧셈은 모두 모아 세기만 하면 되는 데 반해 뺄셈의 과정은 좀 복잡하기 때문이다. 두 자릿수를 가른 뒤 1의 자리로 10을 빌려오는 과정, 10에서 어떤 수를 먼저 뺀 뒤 남은 걸 더하는 과정은 아이들 입장에서 쉽게 이해하기가 어렵다(초등 저학년의 경우, 바둑돌 같은 실제 물건으로 이런 뺄셈 과정을 한 번 보여주면 아이들의 이해를 돕는 데 도움이 된다).

'몇 개씩 몇 번을 더했는가'를 나타내는 것이 곱셈의 개념이라면, 나눗셈 개념의 핵심은 '몇 개씩 몇 번을 덜어냈는가'다. 예를 들자면 다섯 개씩 일곱 번을 더한 것(5+5+5+5+5+5+5=35)이 곱셈(5×7=35)의 개념이고, 35라는 수에서 다섯 개씩을 일곱 번 덜어내면 나머지가 없이 0이 된다는 것(35−5−5−5−5−5−5−5=0)을 알려주는 것이 나눗셈(35÷5=7)의 개념이다. 3학년 1학기의 나눗셈이 상대적으로 쉬운 이유는 이 시기의 아이들이 대개 구구단을 외운 상태에 있고, 그래서 정답도 잘 구하기 때문이다.

문제는 3학년 2학기의 나눗셈이다. 이 시기엔 두 자릿수 및 세 자릿수 나눗셈을 배울 뿐 아니라 '나누어지는 수', '나누는 수', '몫', '나머지' 같은 수학 어휘까지 등장한다. 그러니 아이들은 자연히 혼란에 빠질 수밖에 없고, 그만큼 질문이나 하소연도 많아진다.

"왜 나누기는 앞에서부터 계산해요? 더하기, 빼기, 곱하기를 할 땐 뒤에서부터 계산하잖아요."

"'나머지'는 왜 '나누는 수'보다 작아야 해요?"

"나눗셈에선 곱셈도 해야 하고 뺄셈도 해야 하니 어려워요."

이런 어려움은 곱셈과 나눗셈 개념이 확실히 자리 잡지 못했을 때 생긴다. 만약 아이가 나눗셈을 갑자기 어려워한다면 곱셈을 연산법으로만 익혔기 때문일 가능성이 크다. 물론 연산법이 나쁜 것은 아니다. 연산법을 알고 있으면 문제를 풀 때 시간을 단축할 수 있으니 말이다. 하지만 연산법'만' 익힌 뒤 수학을 공부해선 안 된다는 것이 핵심이다.

그러니 이런 경우엔 앞서 배운 곱셈의 개념을 복습한 뒤 나눗셈을 다시 공부하는 것이 좋다. 즉, 1학기에 나왔던 '똑같이 묶어서 덜어내기'의 개념을 제대로 공부하고 돌아와야 한다는 뜻이다.

엎친 데 덮친 격, 분수

2학기를 맞은 3학년 아이들은 나눗셈에 이어 한 번 더 큰 난관에 봉착한다. 바로 '분수' 단원에서다.

나눗셈이 그렇듯 분수 또한 처음엔 3학년 1학기 과정에서 등장한다. 그전까지 자연수만 익힌 아이의 입장에선 생전 처음 접하는 분수 개념이 결코 쉽지 않은 건 당연하다. 그러나 이때 나오는 분수는 1을 똑같이 나누어 나타내는 분수에 한정되기에 비교적 나은 편이다. 가령 $\frac{2}{8}$라는 분수에 대해 설명할 때 "피자 한 판을 똑같이 8조각으로 잘랐어. 그리고 그중의 2조각을 먹었어."라는 식으로 이야기 해주면 아이들이 이해하는 데 큰 어려움이 없다.

문제는 역시 2학기의 분수부터다. '사탕 8개의 $\frac{1}{4}$은 몇 개입니까?', '연필 30자루의 $\frac{2}{3}$는 몇 자루입니까?'와 같이, 나누어지는 수가 1이 아닌 수가 되기 때문이다. 사실 나누어지는 수가 얼마인지와 상관없이 전체 양을 '1'로 놓고 생각하면 쉬운데, 아이들 입장에선 이런 식으로 생각하기가 그리 쉽지 않다.

특히 나눗셈의 개념을 확실하게 이해하지 못한 상태라면 대개 분수도 어려워하는 경향을 보인다. 그러니 3학년 2학기의 분수 단원에서는 여러 개의 대상을 하나로 생각하고 '똑같이' 나누어주는 분수 개념을 확실히 이해하도록 지도해야 한다.

초등 수학의 수포자 갈림길 ②
: 약수와 배수, 비와 비율

나누고 곱하고, 약분하고 통분해요

3학년 수학에서의 첫 번째 수포자 갈림길을 무사히(?) 지나고 4학년을 거쳐 5학년이 된 아이들을 기다리는 것은 급격히 다양하고 어려워진 새 개념들이다. 이 절의 제목에 '약수와 배수'라 쓰긴 했지만 사실 그게 전부는 아니다. 이 단원을 시작으로 '약분과 통분', '분수의 덧셈과 뺄셈' 등 아이들에게 결코 쉽지 않은 단원들이 꼬리에 꼬리를 물고 등장하기 때문이다.

약수는 약분의 기초가 될 뿐 아니라 공약수와 최대공약수, 그리고 이 둘의 관계를 쉽게 이해하는 데 큰 도움이 된다. 때문에 약수 개념이 처음 등장하는 5학년 과정에선 '약수란 어떤 수를 나누어떨어지게 하는 수'라는 개념과 정의를 아이가 명확히 이해하고 설명할 수 있게끔 가르쳐야 한다. 간혹 어떤 학생들은 '나누어떨어진다'의 개념을 모르기도 하는데, 이는 3학년 과정을 제대로 익히지 않은 탓이다.

약수와 배수는 뒤에 나올 약분과 통분을 위해 익혀야 하는 사전개념이기도 하다. 그리고 이 모든 것들은 3~4학년에 배우는 곱셈과 나눗셈 개념을 바탕으로 한다. 이 두 개념은 5학년 과정뿐 아니라 6학년 과정에서 등장할 '비와 비율', 그리고 이후의 수학 공부에서도 너무나 중요한 기초가 되어준다. 그러니 이전 학년에서 이 개념들을 확실히 익히지 못한 아이라면 반드시 다시 그 과정을 밟은 뒤 5학년 과정을 공부해야 한다.

약수의 반대인 배수는 '어떤 수를 두 배, 세 배 등으로 키운 수'인데, 이 또한 명확히 이해하고 나면 공배수, 최소공배수, 그리고 이 둘의 관계를 익히는 데 큰 어려움이 없다. 아이가 배수의 이해를 힘들어한다면 이는 대개 곱셈 개념과 연산법을 정확히 익히지 못했기 때문일 가능성이 크다. 따라서 해당 부분들을 복습시킨 뒤 배수를 설명해주어야 한다.

배수의 개념이 흔들리는 아이들은 통분에서도 어려움을 겪는다. 배수가 무한대이듯 통분하여 만들 수 있는 분수의 수도 무한대다. 학생들은 그중 가장 효율적인 것이 최소공배수를 활용한 통분인 이유를 이해하고 그 방법도 익혀두는 것이 바람직하다. 최소공배수 개념을 제대로 알지 못하면 중 1 수학 1단원에서 어려움을 겪게 된다.

기약분수, 즉 분모와 분자의 공약수가 1뿐이라 더 이상 약분되지 않는 분수에 대해서도 정확히 익혀둘 필요가 있다. 5학년 이후 분수 계산 문제에서의 답은 기약분수로 써야 하기 때문이다. 그렇기에 아이들은 이 개념이 처음 등장할 때부터 확실히 익혀야 하고, 약분하는 습관 또한 함께 들여야 한다. 개중엔 계산 자체는 잘하지만 기약분수를 만들 줄 몰라 답을 틀리는 학생도 있는데, 이는 대개 약수의 개념을 이해하지 못하고 있는 경우였다.

또 최대공약수를 잘 이해한 학생은 기약분수도 단번에 구하지만, 이 개념이 부족한 학생은 모든 약수로 분자와 분모를 여러 차례에 걸쳐 나누기 때문에 기약분수를 구하는 데 상대적으로 많은 시간을 쓴다. 물론 이 방법이 틀린 건 아니나, 이것이 습관으로 굳어지면 중등 수학 시험에서 시간 부족 문제를 겪을 가능성이 크다.

아울러 늦어도 5학년부터는 수학 문제를 풀 때 그 과정을 쓰는 연습도 시켜야 한다. 풀이 과정 쓰기는 거의 모든 아이들이 어려워하기에 부모 입장에서도 소홀히 여기기 쉽다. 하지만 분수의 덧셈과 뺄셈 정도부터는 풀이 과정을 차근차근 써보게 하는 것이 좋다. 그 과정에서 아이는 풀이 방법을 스스로 궁리할 수 있음은 물론 자신이 생각하는 바를 수식으로 표현하는 능력도 향상하는데, 이런 능력은 중·고등 과정의 수학 공부에서 큰 힘이 되기 때문이다.

6학년 1학기의 난관, 비와 비율

6학년 1학기에 처음 등장하는 '비와 비율' 단원은 용어부터가 낯설고 헛갈려 아이들이 어려워한다. 하지만 그래서 더욱 개념을 확실히 익혀두어야 한다. 그렇지 않으면 2학기에 나오는 '비례식과 비례배분' 단원에서도 헤맬 수밖에 없는 탓이다.

'비와 비율'에서 처음에 배우는 내용은 표를 보고 뺄셈과 나눗셈으로 두 수를 비교하는 방법이다. 다음 페이지의 문제는 실제로 초등 6학년 수학 과정에 나오는 것이다.

문제 다음의 표를 보고, 봉지 수가 늘어남에 따르는 사과의 수와 귤의 수를 뺄셈과 나눗셈으로 비교해보세요.

봉지 수(봉지)	1	2	3	4	5	…
사과 수(개)	4	8	12	16	20	…
귤 수(개)	2	4	6	8	10	…

'뺄셈으로 두 수 비교하기'는 저학년 때부터 많이 다룬다. 아이들은 봉지 수가 늘어남에 따라 사과의 수와 귤의 수의 차이가 2개, 4개, 6개로 늘어난다는 점을 쉽게 찾아낸다.

나눗셈으로 비교할 때의 답은 '사과 수는 항상 귤 수의 2배입니다.'여야 한다. 그런데 비교를 '많다/적다' 정도의 개념이라고만 이해하고 있는 아이는 이 규칙을 발견해내지 못한다. '나눗셈으로 비교하기'는 비에도 적용이 되지만 중학 과정에서 배울 함수와 연결되기 때문에 더욱 중요하다.

비는 두 수를 나눗셈으로 비교하기 위해 ' : '라는 기호를 사용하여 나타낸 것이다(비를 왜 사용하는 거냐고 물어보는 학생이 간혹 있는데, 그럴 때는 '두 수의 비교를 나타내는 수학적 약속이기 때문'이라고 설명해주면 된다). 일례로 2와 1이라는 두 수를 비교할 때는 '2 : 1'이라 쓰는데, 이는 1을 기준으로 했을 때 2가 그것의 몇 배인지를 나타내준다. 즉, 2는 '비교하는 양', 1은 '기준량'이 되는 것이다.

2 : 1

비교하는 양 : 기준량

비를 읽는 방법에는 여럿이 있다. 역시 '2 : 1'을 예로 들면 '2 대 1', '1에 대한 2의 비', '2의 1에 대한 비', '2와 1의 비' 등 여러 방법으로 읽을 수 있는데, 이들 각각을 아이들에게 정확히 가르쳐주는 것이 좋다. 특히 '기준량'과 '비교하는 양'이라는 명칭, 그리고 '~에 대한'이 뜻하는 바를 명확히 인지시켜야 한다. 이 말들을 잘못 이해하면 기준량과 비교하는 양, 그리고 그 결과로 나오는 비의 값도 전혀 달라지기 때문이다.

비와 달리 비율은 '기준량에 대한 비교하는 양의 크기'이며 분수, 소수, 백분율 등의 형태로 나타낸다. 비와 비율은 사실 같은 의미이지만 쓰는 형태가 다른 것이다. 이러한 비율 개념을 배울 때 힘들지 않으려면 앞서의 과정에서 비와 관련된 명칭, 사용하는 이유를 제대로 파악해두어야 한다.

비에 대한 이해가 명확하지 않으면 비율을 이해하기 어렵다. 그리고 비율에 대한 이해가 약하면 2학기에 나올 '비례식과 비례배분' 단원뿐 아니라 중학 과정에서 각 단원의 활용 문제(스스로 식을 세우는 문제)를 풀 때에도 어려움을 느낄 수밖에 없다. 아이가 답답하고 힘들어해도 비와 비율 개념을 여러 번 반복해서 단단히 익혀두어야 하는 이유다.

이상의 단원들이 초등 수학 과정에서 아이들을 낙담하게 하고, 더 나아가 수포자로 만들 가능성이 높은 부분이다. 그런데 오랜 시간 동안 아이들을 가르치다 보니, 나는 수포자가 될 가능성이 높은 학생들에게서 몇 가지 공통적인 특징들도 발견할 수 있었다. 다음 절에서는 그 특징들을 간략히 알아보자.

수포자의 길로 빠지게 하는 8가지 특징

① 수학에 부정적이다

수포자가 되어버린 사람들 중 수학을 좋아하거나 재미있어하는 이가 있을까? 아마 없을 것이다. 설사 좋아했던 사람이라도 수학이 점점 어려워지면, 그래서 점수가 점점 낮아지다 보면 관심을 갖기는커녕 어떻게 해서든 피하고 싶은 대상으로만 여겨져 수포자의 길을 선택할 것이다.

그러니 아이를 그렇게 만들지 않고 싶다면 수학을 어렵거나 괴로운 대상으로 인식시키지 않기 위해 부모가 먼저 노력해야 한다. 아이가 좋아하는 분야와 접목시켜 호기심을 자극할 만한 여러 방법을 찾아보는 것이다. 재미있는 대상은 긍정적으로 여겨지고, 그런 느낌은 호기심과 관심이 이어지지는 데 큰 도움이 된다. 이를 위한 부모의 노력은 특히나 아이가 어릴수록 좋은 효과를 보이기 마련이니 미리미리 방법을 찾아보자.

② 문제 풀이 과정을 설명하지 못한다

어떤 개념을 확실히 인지하고 있는가의 여부는 그것을 말로 설명할 수 있는가의 여부로 알 수 있다. "이 문제 어떻게 풀었는지 설명해볼래?"라고 하면 신나서 설명하는 아이도 있지만, 입을 꾹 다물고 아무 말도 하지 않는 아이가 많다. 안 하는 것일 수도 있고 못 하는 것일 수도 있으나, 어느 쪽이 되었든 이 점은 고쳐줘야 한다. 이런 아이들은 암기식 공부를 하고 있을 가능성이 크기 때문이다. 단, 풀이 과정을 달달 외운 덕에 말할 수 있는 게 아니라, 서툴고 느리게일지언정 자신이 이해한 바를 말로 설명할 수 있게끔 지도해야 한다는 점이 중요하다.

③ 서술형 문제를 자주 틀린다

객관식 문제는 괜찮은데 서술형 문제에서 자주 틀리는 아이들도 많다. 이런 경우의 원인으로는 대개 세 가지가 있다. 하나는 '읽기 싫어서', 다른 하나는 '읽어도 무슨 말인지 몰라서', 그리고 나머지 하나는 '읽다가 뒷부분은 자기 마음대로 상상하고서 문제를 예측해 풀어서'다. 이 원인들의 공통점은 모두 평소 읽기 연습이 제대로 이뤄지지 않은 상태, 즉 읽기 습관에 문제가 있는 상태란 것이다.

읽기 능력은 글자를 읽을 수 있는 능력이 아니라 '글을 읽고 이해하는 능력'이다. 그렇기에 서술형 문제에서 자주 틀리는 아이들은 이 능력부터 키워줘야 한다. 문제를 읽고 어떤 부분을 답으로 요구하는지 생각해 밑줄을 치게 하거나, 문장별로 끊어 읽으며 생각하는 방향을 알려주자.

④ 연산'만' 풀고 싶어 한다

연산 문제는 말 그대로 복잡하게 생각할 필요 없이 그저 연산법으로 답만 산출하면 되는 문제다. 간혹 연산 문제를 좋아해서 이런 것들만 풀고 싶어 하는 아이들이 있는데, 그저 아이가 좋아한다는 이유만으로 그대로 방치하면 안 된다.

대개의 경우 골똘히 생각하는 걸 싫어하는 아이들이 연산 문제에 빠지곤 한다. 하지만 수학은 스스로 생각하며 공부해야 하는 과목이다. 즉, 기계적이고 반복적인 풀이만 하는 연산 문제만 즐기다 보면 사고력으로 풀어야 할 진짜 문제들에선 오답을 내기가 쉬우니, 연산 문제와 다른 문제들의 밸런스를 맞춰 아이가 풀도록 지도해나가야 한다.

⑤ 오답 풀이엔 관심 없이 답만 쓰려고 한다

아이가 틀린 문제의 경우, 스스로 다시 생각해보게 한 뒤에도 마찬가지로 오답을 낸다면 실수가 아니라 몰라서 틀린 문제일 가능성이 크다. 그러니 세세히 설명해주게 되는데, 이때 설명은 듣지도 않은 채 답만 듣고선 정답란에 그것을 적으려는 아이들이 있다. 풀이 과정이야 어쨌든 답만 맞으면 된다는 식의 사고방식에 길들여진 예라 하겠다.

초등 수학에선 정답보다 과정이 더욱 중요하다. 틀린 문제를 확실히 파악해두지 않으면 다음에 또 틀리기 마련이다. 때문에 어느 부분을 잘 몰라서 틀렸는지, 계산상의 실수라면 어느 부분에서 어떻게 실수한 것인지 원인을 파악하고 고쳐나가야 한다. 그러니 정답이 뭔지만 알아내려는 아이에겐 답보다 과정이 중요한 이유를 충분히 설명해주고, 답만 쓰려 하는 습관을 고쳐주자.

⑥ 부모나 학원이 시키는 대로만 공부한다

이는 아이를 수포자로 만들 가능성이 가장 큰, 그래서 가장 위험한 특징이다. 이렇게 공부하면 수학의 필요성을 깨닫기는커녕 수학을 공부하는 방법 자체를 알 수 없고, 그 결과 고등 수학에서 열이면 열 무너지고 만다. 부모나 학원이 시키는 대로 하면 초등 수학에서야 점수를 받을 수 있지만, 입시를 위한 수학 공부에선 절대 좋은 결과를 얻을 수 없다. 그러니 스스로 생각해서 문제를 푸는 힘을 어릴 때부터 꼭 길러줘야 한다.

⑦ 모르면 바로 풀이를 해달라고 한다

새로운 수학 개념이 처음 등장하면 우선은 해당 개념을 설명하고 간단한 예제를 함께 풀어보기 마련이다. 그런 뒤 유제 문제는 스스로 풀어보게 하되, 아이가 아직 확실히 개념을 이해하지 못해 오답을 내면 문제를 같이 풀어주며 설명해준다. 이렇게 한 후에도 해당 단원의 문제들이 나왔을 때 아이가 모르겠다고 하면, 풀이 방법을 곧장 알려주기보다는 힌트를 주며 아이가 혼자 풀어볼 수 있도록 유도해야 한다.

그런데 해당 단원을 여러 번 복습한 뒤 평가 문제나 틀린 문제를 풀어보라 할 때에도 "모르겠어요.", "선생님이 풀어주세요." 같은 반응을 보인다면 문제가 된다. 이런 말들은 곧 아이 스스로 생각할 힘이 없다는 뜻, 그리고 그런 과정을 싫어한다는 뜻이기 때문이다. 모른다는 것 자체는 잘못이 아니지만, 별다른 노력도 하지 않은 채 자신이 어느 부분 때문에 그 문제를 못 풀었는지 깨닫고자 하는 마음가짐이 없는 것은 분명 문제다. 이런 아이에겐 올바른 수학 공부법을 처음부터 다시 알려줘야 한다.

⑧ 숫자를 제대로 쓰지 않는다

아이들 중엔 지나치게 악필이라 자신이 쓴 숫자가 무엇인지 알아보지 못하는 경우들이 꽤 있다. 그런가 하면 정답란에 답을 정확히 쓰지 않거나, 엉망으로 연산한 흔적을 문제집에 남기기도 한다. 언뜻 생각하면 이런 습관들이 수포자가 되는 것과 무슨 관련이 있을까 싶겠지만, 이 둘 사이엔 매우 중요한 상관관계가 있다.

문제를 읽은 뒤 '이 문제를 풀기 위해 내가 무엇을 하고 있는지' 정확히 파악하려면 식을 세우고 풀이하는 과정이 필요하다. 그런 만큼 이 과정은 연습장이나 노트 등에 써나가게 지도해야 한다. 풀이 과정을 정확히 쓸수록 오답을 낼 확률도 줄어든다.

초등 시기에 문제집 여기저기에 풀이 과정을 대충 쓰고 계산하는 버릇이 들면 중고등 과정에서 복잡한 문제들을 만났을 때 풀이 과정을 쓰기 어려워한다. 그때 가서 그 습관을 고치려면 오랜 시간이 걸리는 게 당연하다. 그러니 아이가 귀찮아하고 싫어하더라도 풀이 과정을 쓰는, 또 답은 정해져 있는 정답란에 또박또박 쓰는 습관을 들여주자.

수학도 '읽기'다

초등 100점이 항상 고등 100점은 아니다

"애가 초등학생 때는 잘했는데 지금은 영……."

중·고등학생 학부모들과 상담을 할 때 자주 듣는 말이다. 자주 듣는 말이란 건 이런 경우의 아이들이 적지 않다는 뜻이기도 할 것이다. 아마 여러분 주변에도 이런 아이가 있거나, 어쩌면 여러분 자신이 그런 경우였을 수 있겠다.

그런가 하면 수학 내신 1등급 학생이 수능 수학에선 1등급을 받지 못하는 경우도 있다. 내가 바로 그 예다. 수학은 내가 어릴 적부터 가장 좋아한 과목이었다. 애매모호하지 않고 딱 맞아떨어진다는 점, 또 다른 과목들과 달리 누가 어떤 방식으로 풀든 답은 하나로 나온다는 점이 무척 매력적이었다. 그 덕에 수학 성적은 어려서부터 늘 좋았고, 고등학생 때 수학에서만큼은 전교 1등을 여러 번 했을 뿐 아니라 내신도 늘 1등급이었다.

그랬던 내게도 수학 위기가 찾아왔다. 고 3이 되어 치른 첫 모의고사 때 당연히 1등급일 거라 예상했는데 결과는 달랐던 것이다. 친구 중엔 분명 나보다 내신 성적이 낮으나 모의고사 성적은 나보다 높은 아이가 있었다. 나는 그 이유가 항상 궁금했지만 당시엔 끝내 알 수 없어 답답했다. 그러다 성인이 되어 결혼하고 아이를 낳아 키우던 중에야 그 미스터리를 풀 수 있었다.

나는 학창 시절에 책을 안 읽고 기피하기까지 했던 학생이었다. 내게 책이란 그저 독서기록장 때문에 읽어야 하는 것, 책의 내용을 바탕으로 국어 시험 문제가 출제된다 하니 국어 점수를 위해 읽어야 하는 것, 그 이상도 이하도 아니었다. 독서의 진정한 이유와 목적을 전혀 몰랐던 것이다.

그런데 엄마가 되어 한창 육아서를 보던 시기에 『공부 머리 독서법』이라는 책을 읽고 큰 충격을 받았다. 동시에 학창 시절의 미스터리도 그때 풀렸다. '책을 읽는 아이가 공부를 잘하게 된다니, 바로 이거였구나!' 하면서 말이다. 학창 시절을 돌이켜보니 나보다 성적이 좋았던 친구는 쉬는 시간에도 손에서 책을 놓지 않는 독서광들이었다.

수학도 '읽기'다. 언뜻 생각하면 수학과 독서는 별개로 느껴지지만 내 경험을, 또 내가 지금까지 만난 학생들을 봐도 이 둘 사이엔 분명 상관관계가 있다.

종현이란 학생은 내가 새로운 수학 개념을 설명해줄 때마다 매번 찰떡같이 잘 알아듣고 이해하는 학생이었다. 하루는 도서관에 갔다가 우연히 종현이와 마주쳐 인사를 하며 "도서관에 자주 오니?"라 물었더니 종현이는 이렇게 답했다. "네, 엄마가 매주 한 번씩 같이 오자고 해요. 저희가 읽을 책도 빌리고요."

초등 4학년 학생일 때 나와 만난 하연이는 내 관심의 대상이었다. 3학년 과정의 공부가 소름 돋을 정도로 잘되어 있었고, 공부 습관 또한 보기 드물게 잘 잡혀 있는 학생이었기 때문이다. 하연이는 문제를 읽을 땐 밑줄을 치며 핵심을 파악해냈고, 문제를 풀 땐 과정도 빠짐없이 정리하며 풀어나갔다.

하루는 하연이의 수업이 10분 정도 일찍 끝났다. 문제를 풀었는데 오답이 현저히 적었던 것이다. 엄마의 차로 등·하원을 하기에 그날 하연이는 엄마가 올 때까지 학원에서 잠시 기다리고 있어야 했다. 그 시간 동안 아이가 심심해할 것 같아 수학 도서 한 권을 읽어보라고 권하려는 찰나 하연이가 내게 물었다. "선생님. 저 책 읽고 있어도 돼요?" 그러면서 주섬주섬 가방에서 꺼낸 책은 줄글로 되어 있는『그리스로마 신화』였다.

연아 또한 내가 이끌어주는 대로 개념을 잘 이해하고 문제 풀이에 대한 설명도 잘하는 학생이었다. 그런 연아에게 하루는 나눗셈에 관련된 책을 주며 읽어보자고 했더니 이런 답이 돌아왔다. "오, 선생님! 저희 집에 이 책 있어요!" 이렇듯 내가 가르치며 만난 수학 잘하는 학생들은 모두 책을 가까이하는 아이들이었다.

독서가 수학에 꼭 필요한 이유 ①: 서술형 문제 읽기 능력의 향상

요즘 부모들은 수학에서도 스토리텔링이 중요하다는 것을 잘 알 것이다. 스토리텔링 방식의 서술형 문제가 자주 출제되고, 아이들은 대개 이 유형의 문제에서 어려움을 느끼기 때문이다. 이러한 수학 서술형 문제를 잘 풀어내는 데 필요한 것이 바로 잘 '읽는' 능력이다. 하지만 수학과 독서를 연결지어 생각하기가 쉽지 않아 이 사실을 놓치는 부모가 많다.

나연이는 유독 서술형 문제에서 약한 모습을 보이는 학생이었다. 같은 계산과 답을 묻는 문제임에도 연산형에선 정답을 맞추는 데 반해 서술형에선 항상 틀렸다. 문제를 읽고 그에 맞게 식을 세우지 못했기 때문이다. 집에서의 독서량이 궁금해 "우리 나연이는 집에서 책 많이 읽어?"라 물었더니 나연이는 해맑게 답했다.

"아니요! 책 안 읽어요!"

이런 학생들을 접하면 나는 그때마다 '아이가 책을 많이 읽게 해서 문해력을 키워주세요.' 같은 피드백을 부모에게 전달한다. 그러나 그에 맞게 현실이 달라지는 경우는 드물다. 그렇다면 수학에서 왜 읽기 능력이 중요한지를 실제 초등 3학년용 문제를 통해 알아보자.

문제 4인 가족이 일반 변기를 사용하면 하루에 약 268L의 물이 흘러가지만, 절수형 변기로 바꾸면 하루에 135L가 절약된다고 하는 광고가 나왔습니다. 영철이네 가족 4명이 지난 10일 동안 변기에서 사용한 물의 양은 약 2140L입니다. 영철이네는 물을 절약하기 위해 광고를 보고 중간에 절수형 변기로 바꿨습니다. 절수형 변기는 며칠 동안 사용했을까요?

이것이 흔히 말하는 스토리텔링형 문제인데, 사실 어른도 단번에 이해하기가 어렵다. 이 문제의 첫 번째 핵심 포인트는 절수형 변기가 135L의 물을 '사용'하는 게 아니라 '절약'시켜준다는 점, 그러니 '268L－135L'이란 뺄셈을 통해 절수형 변기의 물 사용량을 구해줘야 한다는 점이다. 두 번째 핵심 포인트는 영철이네가 일반형 변기를 사용한 날과 절수형 변기를 사용한 날을 모두 합치면 10일이라는 데 있다. 이런 포인트들을 파악해 내고 그에 맞춰 식을 세울 수 있는 아이는 정답을 구할 수 있다.

그와 달리 앞의 문제를 읽고 이해할 수 없는, 즉 문해력이 없는 아이라면 풀이에 필요한 포인트를 파악하지 못해 오답을 낼 가능성이 매우 높다. 그런데 만약 앞의 문제가 단순히 다음과 같은 계산 문제로 출제된다면 어떨까?

$$268 \times (10 - \square) + 133 \times \square = 2140$$

곱셈 개념을 잘 이해하고 있는 아이는 □ 값을 구할 수 있겠지만, 그렇지 않은 아이라면 이 식을 보고도 답을 못 구할 것이다. 그럼에도 앞서의 스토리텔링형 문제보다는 이와 같은 연산식 문제의 정답률이 높을 거라는 게 내 생각이다. 스토리텔링형 문제는 정확한 수학 개념과 문해력, 연산 능력 등 모두를 갖춰야만 올바로 파악하고 풀 수 있기 때문이다.

"수학에 필요한 사고력을 키우려면 사고력 수학을 하면 되는 것 아닐까?" 하는 의문이 드는 독자도 있을 것이다. 사고력 수학이란 교과 수학과 달리 다양한 문제를 제시하고 사고력, 논리력, 추론력 등 생각을 통해 문제 해결 능력을 향상시키는 데 초점을 둔 수학 교육법이다. 물론 이러한 사고력 수학이 득으로 작용하는 아이도 있겠지만, 모두에게 어떤 경우에든 그런 것은 아니다. 제아무리 사고력 수학이라 해도 아이 스스로가 아닌 선생님이나 부모가 해결해주는 식이라면 도움이 안 되기 때문이다.

사고력 수학이나 서술형 문제에서 어려움이 없으려면 생각의 힘이 필요하고, 그 힘을 키우려면 무조건 독서가 답이다. 어렸을 때의 수학에선 연산만 잘해도 100점을 받거나, 최소한 수학 못 한다는 소리는 듣지 않는다. 그러나 그런 연산에서도 왜 그렇게 계산하는 건지를 이해하며 푼 아이와, 그저 연산법 자체만을 외워서 푼 아이는 이후의 길이 달라질 가능성이 크다. 안타깝지만 후자 같은 경우엔 수포자가 될 확률이 높다.

독서가 수학에 꼭 필요한 이유 ②: 문제 이해에 필요한 배경지식 향상

독서가 갖는 또 다른 장점 하나는 간접 경험을 통해 배경지식을 쌓을 수 있다는 것이다. 독자 여러분에겐 의외일 수 있겠지만, 이러한 배경지식 또한 수학에서 중요하게 작용하는 경우가 종종 있다. 다음의 문제를 예로 살펴보자.

> **문제** 윷짝 4개를 동시에 던질 때, 개가 나오는 경우는 모두 몇 가지인가?

수학 문제에선 윷놀이 상황을 활용해 경우의 수나 확률을 구하는 문제가 종종 나온다. 이런 문제를 풀려면 도, 개, 걸, 윷, 모 등의 명칭이나 윷놀이 규칙 등의 배경지식이 당연히 필요하다. 하지만 요즘 아이들 중엔 이 문제를 접하고선 "선생님 윷짝이 뭐예요?", "선생님, 개가 나온다는 게 무슨 뜻이에요?" 같은 질문을 던지는 경우가 적지 않다. 윷놀이 자체를 모르기 때문에 수학 문제를 틀리는 웃픈 상황이 벌어지는 것이다. 그럼

다음 문제에선 어떤 점이 아이들에게 어렵게 느껴질 수 있을까?

> **문제** 승아의 일기를 읽고 고모의 나이를 구해보시오.
>
> 시골 고모네 집에 놀러갔다. 오랜만에 고모를 봬서 반가웠는데 고모의 나이가 기억나지 않았다. 언니는 고모의 나이가 46세인 아버지보다는 많고 53세인 큰아버지보다는 적다고 했다. 또 올해 15세인 언니는 고모와 띠가 서로 같다고도 말해주었다.

이 문제를 읽은 아이들은 "무슨 말인지 이해를 못 하겠어요.", "띠가 뭐예요?"와 같은 반응을 보였다. 십이지 띠가 무엇인지 모르기 때문이었다.

명절에 가족이나 친척들과 윷놀이를 하거나 나이와 띠를 주제로 다양한 대화를 나눠본 아이, 혹은 그와 관련된 간접 경험을 책으로라도 쌓은 아이라면 이러한 문제들을 접해도 그 뜻을 몰라 당황하진 않을 것이다.

수학 문제들 중엔 이렇게 배경지식이 있어야 이해할 수 있는 것들이 꽤 있다. 가장 좋은 건 아이들이 직접 다양한 경험을 하고 그 과정에서 자연스럽게 배경지식이 축적되는 것일 테다. 그러나 모든 경험을 빠짐없이 하기란 사실 어려운 일이기에 독서를 통해서나마 간접 경험을 쌓는 것이 중요하다. 이런 면은 오로지 가정에서만 챙겨주고 채워줄 수 있다. 물론 학교에서도 학생들에게 배경지식을 알려주긴 하나 간단히 언급하고 넘어가는 정도이고, 학원에선 아예 불가능한 일이기 때문이다.

독서가 수학에 꼭 필요한 이유 ③: 문제 이해에 필요한 어휘력 향상

초등 수학 수업을 하다 보면 간혹 내가 수학 선생님인지 국어 선생님인지

헷갈리는 상황이 생기곤 한다. 대개 문제에 나오는 국어 표현들과 관련해 아이들이 예상치 못한 질문을 던질 때가 그렇다.

"선생님, '기호'가 뭐예요?"

"'다음 보기와 같은'이 무슨 말이에요?"

"'가장자리'가 무슨 뜻이에요? '한가운데'랑 같은 말이죠?"

그런가 하면 다음 문제에서 지원이의 대사를 읽은 뒤 "'개이므로'가 뭐예요?"라 묻는 아이도 있었다. 첫째 줄과 둘째 줄을 이어 읽고 이해하지 못한 경우였다.

문제 그림을 보고 옳게 말한 사람은 누구일까요?

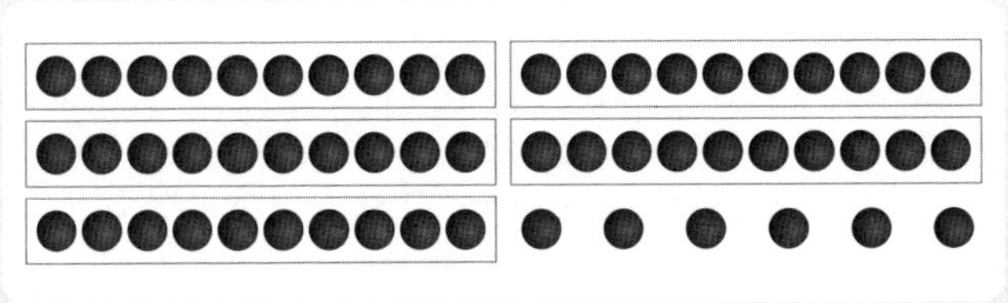

- 지원: 10개씩 묶음 6개와 낱개 5 개이므로 바둑알은 모두 65개입니다.
- 강욱: 바둑알이 예순다섯 개 있습니다.
- 소연: 바둑알이 쉰여섯 개 있습니다.

아직 초등학생이라 어려서 그렇다며 넘길 수도 있을 것이다. 그러나 중학생 중에도 "선생님, 타율이 뭐예요?"라 묻는 아이가 심심치 않게 있다.

'이자율'이란 단어도 마찬가지다. 이자율 문제는 초등 6학년부터 중학 과정까지 자주 등장하는데, 이자가 뭔지조차 모르는 아이들이 많다. 그래도 문제를 풀려면 이자 개념을 알아야 하니, 수업 시간에 이자율 문제가 나올 때마다 나는 거의 매번 단어 설명부터 해준다. 아이들에게 쉬운 개념은 아니니 몇 번씩 반복하면서 말이다. 이처럼 수학 공부에서도 단어 뜻을 이해하지 못해 문제를 틀릴 수 있음을 부모들은 미리 알아두어야 한다.

문해력과 어휘력은 단기간에 축적되는 힘이 아닌 만큼, 이런 점을 알고 있는 부모들은 아이가 어렸을 때부터 책을 많이 읽히고 여러 경험을 해보게 하며 대비시켜준다. 초등학생은 그래도 아직 상대적으로 어려서 희망이 있으니, 독서의 기초가 없으면 창작동화부터 시작해 적극적으로 다양한 책을 읽도록 도와주자.

지금까지의 수학 평가에서는 풀이법 암기, 또는 찍어서 정답만 맞춰도 점수를 얻을 수 있는 방식이 통했다. 그러나 평가 유형도 시대에 맞춰 변하기 마련이다. 과거에는 없었던 서술형 문제가 적지 않은 비중으로 출제되고 있듯이, 앞으로의 평가는 풀이 방법을 직접 설명하는 스피치 형태로 이뤄질 가능성도 있다. 이런 변화 가능성에 대비하기 위해서라도 책을 가까이하는, 그래서 스스로 생각하고 해결할 줄 아는 아이로 키워야 한다.

수포자 갈림길을 막아주는 6가지 공부 습관

공부 습관 형성에 최적인 초등 시기

수학은 어느 한순간 극적으로 잘할 수 있는 과목이 아니다. 개념을 확실히 이해하고 스스로 생각하여 문제에 적용하는 공부를 해야 좋은 결과를 낼 수 있다. 그런 공부를 위해선 좋은 공부 습관, 그리고 그 습관의 형성을 위한 시간이 필요하다.

그렇기에 초등 시기는 가장 중요한 시기라 해도 과언이 아니다. 공부할 의지가 강한 중학생의 경우에는 올바른 공부법을 알려주면 안 좋은 공부 습관을 고치는 경우도 꽤 있지만, 고등학생의 경우는 이것이 상당히 어려운 일이다.

이런 중·고등시기와 달리 초등 시기에는 학생들이 자신의 공부 습관을 만들어나갈 수 있으니 그 중요성은 이루 말할 수 없다. 특히 지금부터 살펴볼 6가지 공부 습관은 수학 과목의 기초를 어릴 때부터 탄탄하게 다지는 데 도움이 되는 것들이다. 즉, 수포자 갈림길에 들지 않게 막아주는 좋은 습관들이니, 아이가 어릴 때부터 몸에 익히게끔 잘 이끌어줘야 한다.

좋은 공부 습관 ①: 매일 조금씩 꾸준히 하기

첫 번째 좋은 습관은 '반복'이다. 공부는 한꺼번에 많이 하기보다 '매일 조금씩 꾸준히' 하는 것이 좋다. 사실 이는 어른들에게도 어려운 일이긴 하다. 그러니 아이들에겐 더하겠으나, 그럼에도 매일 조금씩 문제집이나 학습지를 푸는 등 꾸준히 공부하는 환경을 부모가 만들어줘야 한다. 다만 나이가 어릴수록 집중할 수 있는 시간도 짧은 편이니, 이 점을 염두에 두고 시간을 정해주는 것이 좋다.

이를 위해 잘 활용하면 좋은 것이 공부 플래너다. 노트 형태도 괜찮지만 한눈에 볼 수 있게끔 벽에 붙여두는 플래너도 좋다. 단, 일방적으로 그런 습관을 가지라며 아이에게 시키기만 해선 안 된다. 매일 꾸준히 무언가를 해나가는 습관이 왜 중요한지 설명하며 이해시키는 것이 선행되어야 한다. 부모가 먼저 그런 습관을 실천하는 모습을 보여주는 것도 큰 도움이 된다.

우리 집의 경우, 나는 일요일 또는 월요일에 플래너를 쓰며 다음주의 계획을 세운다. 그런 모습을 봐온 첫째에게 하루는 "엄마는 시간을 잘 사용하려고 다음주 일정을 생각하며 계획하고 있어. 너도 곧 2학년이 되니 네가 할 일들을 미리미리 계획하고 실행하는 연습을 해보자." 하며 내 플래너를 보여주었다. 아직은 내 도움이 필요하지만, 이젠 첫째도 조금씩 자기 스스로 계획을 세우는 기특한 모습을 보인다.

우리 가족은 각자가 해야 할 일들을 목록으로 정리한 '투두리스트(to do list)'도 함께 활용하고 있다. 매일 꾸준히 해야 하는 활동을 가족회의에서 결정해 리스트에 함께 쓴 뒤, 그 리스트를 벽에 붙여두고 각자 자기가 실행한 활동에 체크 표시를 하는 것이다. 이렇게 하면 서로가 할 일을 했는지 안 했는지를 함께 볼 수 있고, 아이가 무언가를 하지 않은 경우에도 "너 오늘은 아직 독서를 안 했던데?" 하는 식으로 부드럽게 상기시킬 수 있다. 이런 방식이 "책 좀 읽어라!" 하는 잔소리 대신 서로의 감정도 상하지 않고 아이를 구체적인 행동으로 이끄는 데 더 효과적임은 말할 필요가 없다. 아이가 모든 걸 잘 해낸 날엔 보상을 주며 동기부여를 해주는 것도 투두리스트를 활용한 좋은 방법이다.

이상의 것들은 우리 집의 경우이니 반드시 따라야 하는 것은 아니다. 중요한 것은 어떤 방식으로든 '매일 꾸준히 반복'하는 습관을 아이에게 심어주는 것이니, 각 가정에서도 저마다의 상황에 맞는 방법을 찾아보자.

좋은 공부 습관 ②: 복습하기

두 번째 반복 습관은 '복습'이다. 다음 페이지의 그림은 '에빙하우스 망각곡선'인데, 이에 따르면 공부 시간에 배운 것은 우리가 흔히 예상할 수 있는 바보다 매우 빨리 사라진다. 망각은 학습 바로 직후부터 급격히 이뤄지는데, 이를테면 20분이 지나면 배운 것의 58.4%만 남는다고 한다. 따라서 배운 내용을 오래 기억하려면 해당 내용을 반복적으로, 또 규칙적으로 여러 번 수행하는 분산 학습이 더 효과적이라는 결론을 내릴 수 있다.

평소 공부 안 하던 학생은 시험 한 달 전부터 아무리 열심히 공부한다

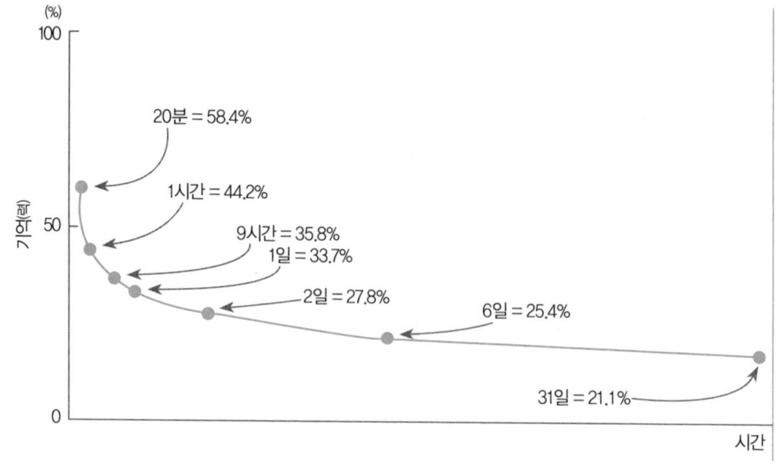

출처: 『인지심리학과 그 응용』, 존 로버트 앤더슨 지음, 이영애 옮김, 이화여자대학교출판문화원, 2012.

해도 매일 복습하며 공부한 학생을 이길 수 없다. 복습은 자신이 배운 바를 다시 익혀 공부하는 과정이다. 그러니 앞서 이야기한 '매일 조금씩 꾸준히 하기' 습관을 아이에게 들여줄 때 어제와 그제, 지난주에 배운 내용들도 주기적으로 복습할 수 있게끔 이끌어주는 것이 좋다.

가령 1일에 배운 것을 2일과 3일, 4일에도 조금씩 시간을 내서 복습하다 보면 자연스럽게 내용을 인지하게 된다. 수학의 경우를 예로 들자면 1단원을 끝내고 2단원, 3단원을 공부할 때 1단원 테스트를 꾸준히 반복해보는 식이 되겠다.

이러한 복습 습관이 '매일 꾸준히 하기' 습관과 결합하면 그 어느 것보다 크고 막강한 재산이 된다. 물론 당장 해나갈 때에야 그 결과가 바로바로 눈앞에 보이지 않아 답답해지는 것이 당연하다. 그러니 부모는 이런 강점을 아이에게 알려줘, 아이가 조급해하지 않고 자기 페이스대로 꾸준히 반복해나갈 수 있도록 이끌어주자.

좋은 공부 습관 ③: 독서하기

이미 앞의 절들에서 살펴봤듯, 수학을 비롯한 모든 과목의 기초는 독서다. 읽고 이해하는 능력이 반드시 동반되어야 하기 때문이다.

그러나 이런 능력은 한순간에 완성되지 않고, 학교에서 가르쳐주지도 않으니 어린 시절부터 부모가 신경 써야 할 영역이다. "논술 학원에서 배우면 되지 않을까요?" 할 수도 있겠으나 개중에는 결과물(활동지)만 보여주는 학원도 있다. 그러니 독서를 통한 읽기 능력 향상은 부모가 직접 관심을 갖고 지도해줘야 한다.

내가 가르쳤던 학생 중에 나와 함께 문제를 풀 때는 문제를 잘 풀고 질문에 대답도 잘하는데, 혼자 풀 때는 유독 오답이 많은 아이가 있었다. 아무래도 문제를 꼼꼼히 읽지 않는 것이 원인인 듯했다. 그래서 한번은 소리 내서 문제를 읽어보라고 했더니, 아니나 다를까 문장에서 한 단어씩 빼고 읽는 모습을 보였다. 읽기 습관이 올바르게 형성되지 않은 탓이었는데, 입으로 읽어도 그랬으니 눈으로만 읽을 때는 더 심했을 것이다.

문제 그림에서 찾을 수 있는 크고 작은 사각형은 모두 몇 개입니까?

문제 다음 색종이를 점선을 따라 자르면 삼각형과 사각형 중에서 어느 도형이 몇 개 더 많이 생기는지 쓰세요.

위는 읽기 실력이 약한 아이들이 자주 틀리는 문제 유형이다. 문제에서 요구하는 것이 도형의 모양인지 개수인지, 아니면 그 모두인지 등을 꼼꼼히 읽어야 정답을 낼 수 있는 건 당연하다. 하지만 글씨만 대충 읽는 아이들은 문제가 무엇을 묻고 있는지를 끝까지 읽어 파악하기도 전에 자신이 질문을 유추해서 답을 쓴다.

아이가 한글을 떼고 나면 부모들은 '이제 글씨를 아니까 책도 혼자 읽을 수 있겠지.' 하는 오해를 흔히 하곤 한다. 나 또한 그랬다. 그러나 글씨를 잘 쓴다 해서 글을 잘 쓰는 건 아닌 것처럼, '글씨를 잘 읽는 것'과 '글을 잘 읽는 것'은 전혀 다른 얘기다. 한글을 떼었다 해도 부모는 아이가 글의 내용을 듣고 이해할 수 있도록 책을 읽어주는 시간을 마련해야 한다.

독서 습관이 잡히기 위해선 환경이 중요하다. 식구들이 각자 책을 읽는 분위기가 형성된다면 아이도 자연스레 손에 책을 들 것이다. 독서 습관 형성에 도움이 될 만한 방법은 뒤의 수독대 공부법을 위한 기본 준비에서 다시 살펴보겠다.

좋은 공부 습관 ④: 쓰기 습관

아이들을 가르치다 보면 몰라서 틀리는 경우보다 아는 것인데 식 하나 안 써서, 계산 풀이를 안 써서 틀리는 경우가 훨씬 많음을 알 수 있다. 왜 식을 안 썼는지, 왜 세로셈으로 계산하지 않았는지 물어보면 답은 늘 똑같다.

"귀찮아서요."

아는 문제를 귀찮아서 틀린다는 것이니 환장할 노릇이다. 그러나 그보다 더 큰 문제는 귀찮음도 쌓이고 쌓이면 습관이 된다는 것이다. '지금은 귀찮으니까 넘어가고 시험에서 쓰자.'라 생각한다 해도, 막상 그때가 되면 자신도 모르게 풀이나 계산 과정을 건너뛰거나 안 써서 오답을 내고 만다.

계산 과정 쓰기를 귀찮아하는 아이들은 암산으로 후다닥 답을 내려 한다. 그리고 그 중 상당수는 자신은 암산을 잘하니 수학을 잘한다고 여긴다. 암산 실력과 수학 실력은 같은 게 아닌데 이 점을 착각하는 것이다. 암산의 장점은 풀이 시간을 단축한다는 것 외엔 없다. 심지어 손으로 쓰는 것보다 느린 속도로 암산하는 학생도 있었는데 그 이유 또한 '귀찮아서'였다.

계산 과정을 써야 하는 이유는 '머리로 생각만 하는 것'과 '손으로 쓴 내용을 직접 보는 것'이 완전히 다르기 때문이다. 머리가 좋아서 말로는 문제 풀이 방법을 잘 설명하는데 식을 쓰지 않아 틀리는 학생을 보면 안타깝다. 그래서 나는 수업 시간에도 식과 풀이를 쓰자고 강조에 강조를 거듭하는 편이다. 그럼에도 '답만 맞게 쓰면 되지, 뭐.' 하는 식으로 이미 귀찮음에 물든 아이들은 좀처럼 손을 놀리지 않는다. 결국엔 손을 써야 해결될 문제인데, 공부에 드는 시간만 더 늘리고 있는 셈이다.

그러니 뒤늦게 이런 상황에 빠지지 않으려면 아이가 어릴 때부터 문제 풀이 과정을 쓰도록 지도해야 한다. 처음엔 생각하며 쓰느라 속도가 느릴 수도 있지만, 시간은 점차 단축될 것이다. 더불어 숫자를 바르게 쓰는 습관, 답을 정답란에 정확히 쓰는 습관도 익히게 해주자.

좋은 공부 습관 ⑤: 점검하기

수학 공부에선 점검, 즉 자신이 푼 과정 중에 틀린 부분이 있는지를 다시 확인하는 습관도 중요하다. 뻔히 아는 문제인데 계산 실수로 틀리는 아이들이 상당히 많다. 이런 경우 흔히 "실수했어요."라 하는데, 실수로 틀리는 것도 습관이다. 그러니 실수가 많은 학생에게는 특히나 점검해야 하는 이유를 알려주고 풀이 과정을 되돌아보도록 도와줘야 한다.

그런데 검산을 해보라고 하면 대개의 아이들은 자신이 계산한 흔적을 눈으로만 살피고선 다 했다고 한다. 이건 검산한 것이 아니라 그저 훑어본 것에 불과하다. 검산은 '다시 손으로 계산하는' 과정이어야 한다. 즉, 앞서 계산했던 흔적은 보지 않고 새로 계산한 결과를 그것과 비교해 실수가 없었는지 확인하는 과정이 검산 과정인 것이다.

점검 습관의 형성에 좋은 또 다른 도구는 오답 노트다. 틀린 문제들만 뽑아보면 자신이 어떤 유형이나 단원에서 약한지를 파악할 수 있고, 틀린 이유를 정리하고 다시 풀어나가다 보면 그 부분을 확실히 잡을 수 있다.

하지만 단순히 틀린 문제와 풀이를 베껴 쓰는 오답 노트가 되어선 안 된다. 문제 쓰는 시간은 줄이되 왜 틀렸는지, 어떤 개념을 놓쳤는지 이유를 명확히 알고 개념과 과정을 알 수 있게끔 정리해야 도움이 되기 때문이다. 오답 노트 만들기에 대해서는 뒤의 부록에서 좀 더 구체적으로 알아보자.

좋은 공부 습관 ⑥: 자기주도로 해나가기

지금까지 말한 습관들은 아이 스스로 만들어나가기가 힘들기에 처음엔 부모가 이유를 알려주며 도와줘야 한다. 그 시간이 축적되면 자연스레 스스로 하는 힘이 생기기 마련이다.

공부는 스스로 해야 한다. 타인에 의한 공부는 오래가지 못한다. 스스로 공부하는 아이는 자신의 약점이 무엇인지 알고 어떤 방향으로 공부를 더 해나갈지 계획할 수 있다. '메타인지(meta認知)'는 '자신의 인지 과정에 대해 한 차원 높은 시각에서 관찰·발견·통제하는 정신 작용'을 뜻하는 용어다. 메타인지가 잘되는 아이는 공부를 잘할 수밖에 없는데, 메타인지는 자신이 주도적으로 무언가를 해나갈 때 형성된다. 다시 말해 스스로 하는 습관이 반드시 전제되어야 하는 능력인 것이다.

요즘엔 아이가 귀해서인지, 아이 스스로 할 수 있는 것도 부모가 대신 해주는 상황을 자주 목격한다. 아이의 컨디션이 조금 안 좋다는 이유로 학원을 결석하는 경우도 꽤 많다. 하지만 부모라면 아이가 해야 할 일, 다른 사람과 약속한 일은 지키는 것이라고 알려줘야 하지 않을까 싶다. 조금 힘드니 포기하겠다는 상황을 계속 허용한다면 그 아이는 과연 앞으로 힘든 공부를 제대로 해나갈 수 있을까? 아이의 성장을 원한다면 아이가 힘들어도 해낼 수 있도록, 자기 스스로 해결해낼 수 있는 힘을 기르게끔 해주자.

아이의 미래는 결국 아이 스스로가 책임져야 한다. 하지만 스스로 무언가를 선택할 능력이 없는 어린 시절엔 학교 선생님이나 학원 선생님이 아닌 부모가 아이를 책임지고 잘 이끌어줘야 한다. 이후에도 오랫동안 유지되며 아이에게 좋은 영향을 미칠 좋은 공부 습관은 가정에서 부모만이 만들어줄 수 있다. 당연히 어렵고 오랜 시간이 필요한 일이지만, 수포자의 갈림길에 빠지지 않게 해주는 것은 물론 앞으로의 학업 과정에서 큰 힘이 될 자산을 아이에게 마련해준다는 생각으로 지금부터 조금씩 해나가보자.

수독대 공부법을 위한 기본 준비

놀이 같은 학습, '수독대 공부법'

머리말에서 잠시 언급했듯 나는 아이를 키우다가 수학 도서의 세계를 알게 되었다. 그리고 아이들이 그런 책들을 읽으며 수학을 공부하면 개념을 정확하고 탄탄히 익히는 데 더할 나위 없이 좋을 거라 생각했다.

그렇게 해서 고안해낸 것이 '수학 독서 공부법'이다. 이 공부법은 단순히 수학 도서를 읽는 데서 끝나는 게 아니라, 책에서 알게 된 내용을 문제에 적용하는 독후 활동까지 포함한다. 이런 방식으로 개념들을 익히면 기억에 오래 남아 완전한 공부가 된다.

이런 방식에 부모가 '수학 대화 공부법'까지 더해주면 아이들은 더욱 수학을 즐기고 가까이할 것이라는 데 생각이 미쳤다. 이 공부법은 생활 속에서 수학과 관련한 대화를 나누며 아이들이 개념을 익혀나가는 방식이다. 부모가 조금만 관심을 가지면 일상에서도 수학을 주제로 아이와 이야기할 거리들이 많다. 아이들 입장에선 책상에 앉아 문제집만 푸는 수학 공부보다 이런 공부 경험이 개념 이해와 기억에 더 큰 도움이 될 것이다.

'수독대 공부법'은 이 두 가지 공부 방식을 합친 것이다. 실제로 나는 현재 초등 1학년인 아들에게 이 공부법을 적용 중이다. 수학 도서를 읽고 수학 대화를 나누다 보니 아이는 이제 어떤 사물과 현상을 보면 스스로 수학 문제를 만들어 풀곤 한다.

하늘에 날아가는 새를 보고 "앞서 날아간 새는 3마리, 뒤에 따라간 새는 4마리입니다. 날아간 새는 모두 몇 마리일까요?" 하거나, 엘리베이터를 타면 "엄마! 내가 문제 만들어볼게요! 어떤 누나는 14층에서 내렸고, 지안이는 5층 더 올라와서 내렸습니다. 지안이는 몇 층에서 내렸을까요?" 하는 식이다. 심지어 아이는 이런 과정을 즐거워한다. 아이에게 있어선 놀이와도 같은 활동이기 때문이다. 이것이 수독대 공부법의 핵심이자 포인트다.

아이가 배우는 단원이 무엇인지 파악한 뒤 그와 관련된 책을 함께 읽고 생활 속에서 대화하는 수독대 공부법, 이는 내가 수학 선생님이기에 할 수 있는 것이 아니다. 어떤 부모든 이 공부법을 통해 아이가 수학과 가까워지게 할 수 있다. 약간의 차이가 있다면 내가 대개의 부모보다 수학을 조금 더 좋아하는 사람일 수 있다는 것뿐이다.

수독대 공부법을 통해 초등 때부터 수학을 익히면 이후의 수학 공부에도 큰 도움이 될 것이다. 3장에서는 수독대 공부법을 보다 구체적으로 살펴볼 텐데, 그에 앞서 여기에선 이 공부법을 위해 필요한 몇 가지 기본 준비들을 먼저 알아보자.

기본 준비 ①: 독서 환경 조성

평소 독서를 즐기는 아이라면 수독대 공부법의 시작도 쉬울 것이다. 그렇지만 그게 아닌 아이라면 책을 읽을 환경부터 만들어줘야 한다. 어느 날 갑자기 "수학도 책을 읽으며 공부해야 한대!" 하는 식으로 느닷없이 책 읽기를 강요하면 효과를 거두기는커녕 아이의 거부감부터 일으킬 것이기 때문이다.

독서하는 아이로 만드는 가장 좋은 방법은 책보다 재미있을 법한 것들을 거실에서 치우는 것이다. 하지만 하루아침에 집을 그렇게 바꾸기란 쉽지 않다. 책을 통한 육아에 관심 있는 분들이라면 이미 거실이 서재처럼 꾸며져 있을 테지만 말이다.

이럴 때는 책 읽는 공간을 아이와 찾아가면 된다. 무료로 책을 마음껏 볼 수 있는 도서관이 바로 그런 공간의 한 예다. 아이와 의논해 규칙적으로 도서관에 가는 날을 정한 뒤 함께 그곳을 찾자. 아이가 평소 독서를 즐긴다면 "엄마가 수학 독서로 공부하는 방법을 배웠는데 이 책 한번 같이 읽어볼까?" 하며 책을 추천해보자. 도서관에서 빌린 책을 들고 공원이나 카페 등 책에 집중해 읽을 수 있는 곳이라면 어디로든 가서 아이와 함께 읽어보자.

책을 멀리한 채로 고학년에 올라갈수록 독서 습관이나 공부 습관을 올바르게 잡아주기가 점점 어려워진다. 독서 환경 조성조차 쉽지 않은 가정이 있을 수 있지만, 어렸을 때부터 아이를 위해 책과 가까워질 기회나 계기를 조금씩만이라도 꾸준히 마련해주는 것이 좋다.

기본 준비 ②: 시간 확보

앞서 이야기한 '독서 환경 조성'은 사실 '독서 시간 확보'를 전제로 한다. 거실을 서재처럼 꾸미는 등 아주 근사한 독서 환경을 만들었다 해도, 정작 그 안에 머물 시간이 아이에게 없다면 그런 환경도 무용지물일 것이기 때문이다.

요즘 학생들은 빽빽한 학원 스케줄로 엄청나게 바쁘다. 그래서인지 "책 읽을 시간 없어요."라는 말이 그저 거짓말이나 변명처럼 들리진 않는다. 하지만 인생에서 가장 중요한 책을 가까이할 시간이 없다는 건 불행한 일이고, 아이의 삶을 위해서도 결코 좋지 않다. 독서 시간은 당장의 점수 향상보다는 장기적으로 아이의 발전과 성장에 큰 도움이 되니 꼭 확보해주자.

기본 준비 ③: 수학 독서

환경과 시간이 마련되었다면 아이와 함께 수학 도서를 읽어보자. 초등 저학년이라면 글 읽는 능력이 부족할 수 있기에 부모가 읽어주는 소리를 들으며 이해하는 경험이 필요하다. 고학년 아이도 혼자 읽게 두지 말고 같이 읽자. 함께 책을 읽을 때의 장점은 대화의 주제가 될 만한 요소를 같이 찾을 수 있다는 점이다.

그렇다고 아이가 배우는 모든 단원의 수학 도서를 빠짐없이 읽을 필요는 없다. 2장에서 살펴봤던, 또 뒤에서 언급할 단원들에 관련된 책들만 읽어도 충분하다. 더불어 아이의 학년에만 국한시켜 읽힐 필요도 없다. 내 경우 초등 1학년인 아들에게 3학년 '도형' 단원과 관련된 책을 읽어줬는데, 예상 외로 이해를 잘하고 흥미로워해 도형을 주제로 하는 대화도 가능했다. 이와 반대로, 이전 학년에 배웠어야 했던 내용임에도 다소 부족한 면을 보인다면 해당 과정의 수학 도서를 아이와 함께 읽으며 다시금 익히게 해주는 것이 좋다.

한 권의 책을 부모와 같이 읽을 때 아이의 마음에는 행복이 차오른다. 저학년 아이들은 선생님인 나와 읽을 때도 신이 나서 주체를 못 하니, 세상에서 가장 사랑하는 부모와 함께하는 독서 시간엔 더욱 행복할 것이다.

기본 준비 ④: 읽은 내용의 적용

아이와 함께 읽은 수학 도서의 내용은 아이가 실제 수학 단원에서 개념을 공부할 때 적용해볼 수 있다. 가령 묶음은 묶음끼리, 낱개는 낱개끼리 더하는 상황을 이야기로 풀어낸 책을 읽었다면 아이가 실제로 덧셈 단원을 공부할 때 이렇게 이야기해보는 것이다.

"소훈아, 지난번에 엄마랑 읽은 책에서 도둑들이 어떻게 더했는지 기억나? 묶음은 묶음끼리 더하고 낱개는 낱개끼리 더했지? 우리도 그 도둑들처럼 생각하며 문제들을 풀어볼까?"

책에서 함께 읽은 이야기를 이렇게 다시 떠올리게 하고, 그 원리를 실제 문제에 응용해보게 하면 아이들은 정답에 대한 부담감 없이 문제에 접근할 수 있다. 만약 활동지가 첨부되어 있는 수학 도서라면 그것을 자료로 하여 이런 활동을 아이와 함께 해보면 된다.

다만 수학 도서에서 접한 개념을 아이가 꼭 실제 문제에 적용하게 하겠다는 식의 생각은 갖지 않는 편이 좋다. 수독대 공부법에서 우선시하는 것은 아이가 정답을 맞추게 만드는 게 아니라 수학 도서와 수학 대화로 개념을 이해하고 그에 대한 흥미를 갖게 하는 것이기 때문이다.

기본 준비 ⑤: 적절한 보상

아이가 이상의 모든 과정을 잘해냈을 때 적절한 보상이 주어지면 앞으로도 지속해나갈 힘이 생긴다. 내가 학생들에게 보상으로 제공하는 것은 간식, 혹은 보드게임 수업에서 그날 해볼 게임 종류를 선택할 수 있는 권한이다. 또 집에서는 아이들에게 평소 잘 먹이지 않는 달콤한 간식을 주는 방식, 또는 스티커를 매번 하나씩 붙여 나가다 모두 모으면 아이가 원하는 곳으로 놀러 가는 방식을 활용 중이다.

어떤 보상이 효과적일지는 아이의 성향, 각 가정의 상황마다 다르니 잘 생각해서 정하면 된다. 단, 보상 자체가 목표가 되어선 안 되니 과한 보상은 삼가는 편이 좋다.

3장

수독대 공부법 1단계 : 해피타임, 초등 1~2학년

초등 1~2학년을 위한 수독대 공부법 ①
: 수

초등 1~2학년의 '수' 영역

초등 1~2학년은 가장 순수하고 맑은 시기이기에 수학의 즐거움을 알려주기에 좋은 때다. 또 이 나이의 아이들은 아직 어려서 부모와 함께하는 활동이라면 무엇이든 좋아하기 마련이다. 이런 점들을 고려하고 추천할 만한 도서와 대화, 놀이법 등을 선별해 구상한 초등 1~2학년의 수독대 공부법을 차근차근 소개한다.

'여러 가지 수'는 갓 입학한 초등 1학년 아이에게 쉬운 단원이다. 유치원에서 이미 대개 그 정도까지는 배우기 때문이다. 하지만 그 시기의 활동은 진정한 수 개념을 이해시키기 위한 것이라기보다는 그저 수를 외우게 하는 것에 가깝다. 그리고 그렇게 외우는 방식만으로는 자릿수가 높아진 수를 읽어낼 수 없다. 때문에 수 읽기를 수월히 해내는 저학년 아이라 해도, 부모는 수의 원리를 알려주는 것에 초점을 맞춰야 한다.

초등 1학년 때는 1부터 100까지의 수를 배운다. 우선은 수 쓰는 법과 읽는 법, 그리고 그에 이어 '첫째, 둘째'처럼 순서를 매길 때 사용하는 '서수'를 익힌다. 간혹 '이십, 삼십, 사십' 등에 대해선 괜찮은데 '스물, 서른, 마흔' 등의 수 명칭은 어려워하는 학생들이 있다. 어른에겐 쉽지만 아이에겐 어렵게 느껴지는 것이 당연하니 "57은 '쉰일곱'이잖아. 아까 했는데 왜 또 모르니?"와 같은 반응을 보이지 않도록 유의하자.

10이 되도록 서로 보충해주는 '10의 보수'는 연산에 있어 기초 중의 기초다. 10의 보수를 정확히 알면 모으기와 가르기를 쉽게 할 수 있고, 덧셈에서도 10이 되도록 보충해주고 남는 부분이 이해되어야 받아올림 연산을 잘할 수 있다. 이 부분도 유치원 때 배우긴 하나, 아이가 이해가 아닌 암기 수준에 그친 상태인 건 아닌지 점검해볼 필요가 있다.

'수' 관련 도서

『100층짜리 집』(이와이 도시오 지음, 김숙 옮김, 북뱅크, 2009)

『100층짜리 집』은 지금까지 총 6권이 출간된 '100층짜리 집' 시리즈 중 첫 권이다. 이 시리즈는 100까지의 수를 재미있게 익히기 위한 도서로 인기가 높다. 각 책의 주인공들이 100층을 향해 가는 이야기이기 때문에 책을 읽는 과정에서 자연스럽게 숫자를 접할 수 있다.

또 각 층엔 동물이나 자연 현상에 관한 내용이 그림으로 나타나 있어, 그 내용을 퀴즈로 만들어 숫자 공부를 시키는 것도 가능하다. 예를 들어

64층에는 요리하는 딱따구리가 있고, 68층에는 집라인을 타는 딱따구리가 있다고 하자. 이때 책을 읽다가 이런 퀴즈를 낼 수 있다. "집라인을 타는 딱따구리는 몇 층에 있는지 수로 읽어볼까?" 그러면 아이는 퀴즈를 맞히기 위해 스스로 생각한 뒤 "예순여덟!"이라고 답하게 된다. 또 "요리하는 딱따구리는 몇 층에 있는지, 두 가지 방법으로 읽어볼까?"라는 식으로 질문의 형태를 바꾸면, 아이의 답 또한 "육십사, 예순넷!"과 같이 두 가지로 나올 수 있다. 이런 상호작용을 통해 아이는 수읽기 방법에는 두 가지가 있음을 자연스럽게 익히는 것이다.

한글 쓰기가 아직 어려운 아이라면 쓰기와 관련된 퀴즈를 활용해보자. "읽어볼까?" 대신 "써볼까?"라고 묻고 '예순여덟'이라는 글자를 함께 쓰며 알려주는 것이다. 이런 활동 역시 공부에 속하지만 아이들은 놀이처럼 느낀다. 저학년 아이들의 이런 특성을 잘 활용하면 얼마든지 즐거운 공부가 가능해진다.

『수학식당 1』(김희남 지음, 명왕성은자유다, 2012)

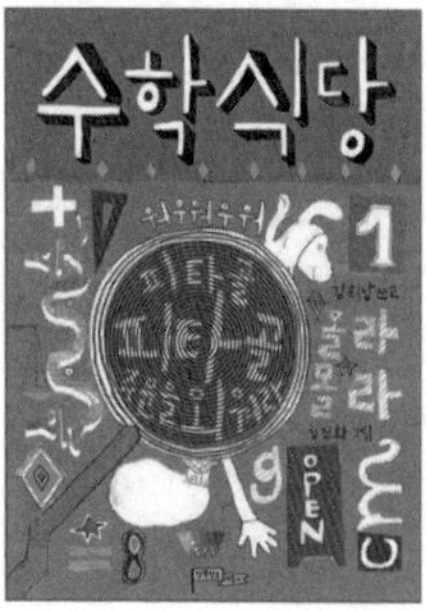

3권짜리 『수학식당』 시리즈 중 첫 번째 책이다. 식당 이야기를 기반으로 하는 내용이라 쉽고 저학년이 읽기에 좋다. '막대어묵어묵조랭이떡볶이'라는 제목의 2장은 수의 자릿값을 익히는 데 도움이 된다. 마지막에는 음식 레시피도 나와 아이들의 흥미를 유발하기에 좋다.

『마왕의 수수께끼를 푼 돼지』(백명식 지음, 내인생의책, 2015)

16권짜리 세트인 '돼지학교 수학'은 전국수학교사모임 추천도서 시리즈다. 그중 제1권인 이 책은 수와 숫자가 뭔지, 과거에는 어떻게 수를 사용했는지, 숫자가 없던 시절엔 어땠는지, 십진법은 무엇인지 재미있게 설명해주는 이야기책이다.

『소 키우는 코키나와』(이선영 지음, 그레이트북스, 2008)

수학 도서의 고전이지만 이것만큼 좋은 구성이 없는 '개념씨수학나무' 전집은 내가 개인적으로 가장 추천하는 초등 수학 도서 시리즈이기도 하다. 그중 한 권인 이 책은 수 세는 법, 수 가르기와 모으기, 0에 대한 개념까지 함께 생각하며 읽기에 좋다. 맨 뒷장에는 부모를 위한 가이드도 있다.

『수학 시간에 울 뻔했어요』(서지원 지음, 어린이나무생각, 2012)

"왜 울 뻔했다는 걸까?" 하며 아이들의 관심을 유발하기에 좋은 제목의 책이다. 아이에게도 수학 시간에 울 뻔한 적이 있었는지 물어보며 이야기를 나누기에 좋다. 수 세기와 수 읽기에 대한 그림이 잘 나타나 있고, 중간에 그림일기도 나오기 때문에 일기 쓰기에 대한 이야기도 나눌 수 있다. 마지막에 실려 있는 수 세기 퀴즈 형식의 만화와 문제도 아이와 함께 살펴보자.

『수학을 푹푹 먹는 황금이』(박현정 지음, 뜨인돌어린이, 2014)

'수'라는 개념이 어떻게 형성되었는지, 수 세기는 왜 필요하고 방법이 무엇인지에 대한 설명이 잘 나와 있다. 더불어 큰 수를 이해하기 위한 자릿수 값의 개념, 수를 모으고 가르는 것에 이르기까지 수에 관한 모든 이야기가 담긴 책이다. 주인공 황금이가 세상을 이해하는 방법을 수학에서 배워가는 모습을 따라가다 보면 어느새 저학년에서 다루는 모든 수학 개념을 알게 된다.

『즐거운 이사 놀이』(안노 미쓰마사 지음, 박정선 옮김, 비룡소, 2001)

10의 보수를 익히기에 좋은 이 책은 읽기용 도서가 아니다. 10명의 아이들이 세모 집에서 네모 집으로 이사 가는 그림들만 등장하기 때문이다.

책을 펴면 왼쪽에 있는 세모 집에 몇 명의 아이들이 있는지는 보이는데 오른쪽 네모 집에 있는 아이들은 몇 명인지 보이지 않는다. 이 그림들을 보여주며 "네모 집에는 몇 명이 있을까?"라 질문하면 아이들은 자연스레 10의 보수를 떠올리게 되고, 신이 나서 자기가 먼저 맞추려 든다. 처음에는 차례대로 읽어나가고, 점차 익숙해진 뒤엔 아무 페이지나 무작위로 펼쳐서 맞춰보게 하면 아이들이 더욱 재미있어한다.

'수' 관련 대화

일상생활에서 여러 가지 수에 관해 아이와 이야기해볼 기회는 매우 많다. 아주 쉬운 예로는 마트에 가면 보이는 수많은 물품의 가격표들을 수 읽기 자료로 활용해보는 것을 들 수 있다. 아이와 함께 그런 것을 본다면 그냥 지나치지 말고 아이가 스스로 생각해볼 수 있게끔 질문하며 대화를 시작해보자.

부모: 지난번에는 상추가 1000원이었는데 물가가 올라서 2850원이 되었네. 지안아, 우리가 공부했던 네 자리 수다! 이 상추 가격에서 천의 자리 숫자는 뭘까?

아이: 숫자를 묻는 거니까 답은 2예요!

부모: 딩동댕~! 그럼 2가 나타내는 수는 얼마일까?

아이: 나타내는 수는 2000입니다!

부모: 정답! 안 잊어버리고 잘 기억하고 있네! 굿굿! 지안이가 좋아하는 아이스크림 하나 사줘야겠다!

아이: 오예! 내가 좋아하는 아이스크림 가격은 800원입니다!

큰 수를 배우는 4학년생이 되면 마트 상품의 가격표 대신 카드 명세서나 관리비 고지서 등 보다 큰 금액이 적힌 자료를 활용하면 좋다. 큰 금액의 대출에 관해 이야기하며 수를 써보는 것도 효과적인 방법이다. 아이들 입장에선 자기 집과 관련된 수이니 더 열심히 읽기 마련이고, 그 과정에서 자연스레 가정 경제에 참여할 수도 있다. “아빠, 이번 달 카드 값은 왜 이렇게 많이 나왔어?” 하는 소리를 듣는다면 절약 효과까지 생기니 적절히 활용해보자.

10의 보수에 대해선 생활에서 자주 알려줄 수 있다. 엘리베이터를 탔다면 “우리가 지금 가는 층은 7층이지? 7의 짝꿍 수는 뭐였지?”, 간식을 먹는다면 “엄마한테 지금 쿠키 2개가 있는데, 몇 개가 더 있어야 10이 될까?” 하는 식으로 아이에게 퀴즈를 내고 자주 대화해보자.

‘수’ 관련 게임

10의 보수를 재미있게 익히기 좋은 보드게임이 있다. ‘아이씨텐(I sea Ten)’이라는 게임인데, 돌아가면서 숫자카드를 뒤집다가 10이 되는 짝꿍 수를 찾으면 “아이씨텐!”이라 외치며 그 숫자를 크게 읽고 카드를 가져가는 게임이다. 단, 숫자가 아닌 상어 카드를 뽑으면 그동안 모은 숫자 카드를 모두 반납해야 하는데, 아이들은 바로 이 점에서 매우 큰 재미를 느낀다. 처음에는 10의 보수로 게임을 하다가 점차 익숙해지면 덧셈, 뺄셈, 곱셈까지도 확장이 가능해서 활용도가 높다.

10의 보수 개념을 아이가 잘 익힌 뒤엔 직접 모으고 가르기를 해보게 하는 것도 좋다. 사탕 또는 초콜릿 등 아이가 좋아하는 간식을 식탁에 두고 모으기나 가르기를 시켜보는 것이다. 사탕 1개에 9개 혹은 4개에 6개를 모아 10

을 만들거나, 사탕 10개를 2개와 8개, 6개와 4개 등 여러 방법으로 나누게 해보자. 아이가 재미를 느끼면 그걸로 충분하니 오래 할 필요도 없다. 잘 해냈다고 칭찬하며 간식으로 사탕이나 초콜릿을 하나씩 주면 분명 아이는 이 시간을 즐길 것이다.

초등 1~2학년을 위한 수독대 공부법 ②
: 덧셈·뺄셈

초등 1~2학년의 '덧셈·뺄셈' 영역

덧셈과 뺄셈은 초등 1~3학년에 집중적으로 다뤄진다. 사실 모으기 가르기를 잘 이해하고 있는 아이들은 덧셈, 뺄셈도 매우 쉽게 받아들인다.

실제로 나는 수학 도서로 수업을 할 때 1학년생들에게 '7+9'를 문제로 내고 풀이 방식을 설명해보게 했다가 놀란 적이 있다. 받아올림 연산법을 배운 적이 없는 아이들이었음에도 '7에 3을 채워 10을 만들고 남은 6을 더하니 16이 되었다'고 설명했기 때문이다. 중요한 것은 역시 풀이 방법이 아닌, 원리의 이해라는 사실을 그때도 다시 한 번 깨달았다. 그리고 이는 부모가 조금만 도와주면 모든 아이들이 해낼 수 있는 일이다.

덧셈은 모두 모으는 것, 즉 모두 몇 개인지 구하는 것이고 뺄셈은 전체에서 몇 개가 없어지도록 가르는 것이다. 아이들에게는 이 개념과 용어를 정확히 가르쳐줘야 한다. 대개의 아이들은 '몇 개가 남아 있는지를 묻는 문제'의 답은 뺄셈으로 구한다는 점을 쉽게 이해하는 데 반해 '차이를 구하는 문제'는 어려워하는 경향이 있기 때문이다.

'덧셈·뺄셈' 관련 도서

『멋진 공연을 해볼까?』(고수산나, 교원솔루토이수학, 2011)

친구를 돕기 위해 주인공이 공연을 하고 표를 팔며 덧셈과 뺄셈을 하는 스토리다. 친구를 위하는 마음에 대해 아이와 얘기해보고, 마지막엔 수학 독후 활동을 할 수 있어서 좋다. 책을 읽으며 함께 식을 세워보는 활동도 추천한다.

『양치기 소년은 연산을 못한대』(박영란·한지연 지음, 뭉치, 2024)

총 6권으로 이뤄진 '초등 1, 2학년 수학동화' 시리즈의 세 번째 책이다. 명작동화와 수학 개념을 섞은 스토리텔링이 뛰어나 효과적으로 수학을 공부할 수 있다.

아이들이 모으기와 가르기, 덧셈과 뺄셈, 계산원리 등을 재미있게 이해할 수 있는 책이다. 함께 읽어볼 추천 명작 동화들이 제시되어 있고, 마지막엔 부록으로 엄마표 수학놀이 자료가 있어 독후 활동을 하기에도 좋다.

『이건 무슨 냄새지?』(홍우주, 그레이트북스, 2008)

'개념씨수학나무' 전집 중 한 권이다. 봉지와 낱개의 이야기를 바탕으로 더하기 연산법 개념을 알려주기 때문에 아이들이 쉽게 이해할 수 있다. 세로셈 계산 부분은 가려두고 아이와 함께 계산한 후 답을 비교하며 읽어나가면 흥미 유발에 좋다.

『맛있는 찐빵 사세요』(강소희, 그레이트북스, 2008)

역시 '개념씨수학나무' 전집 중 한 권으로, 찐빵 하마와 도넛구리가 파티시에가 되어 빵을 만드는 이야기다. 열심히 만든 빵이 판매됨에 따라 남아 있는 빵의 개수가 달라지는 상황을 통해 뺄셈 개념을 익힐 수 있다. 독후 활동으로 찐빵 상자와 낱개를 이용한 문제 만들기를 해보면 좋다.

'덧셈·뺄셈' 관련 대화

앞서 말했듯 아이들은 덧셈보다 뺄셈을 어려워하는 경향이 있다. 그렇기에 실생활에서 부모와 함께하는 뺄셈 관련 대화는 뺄셈 개념을 정확히 이해하는 데 있어 매우 도움이 된다. 예를 들어 부모는 사탕 3개, 아이는 사탕 7개를 가지고 있는 상황에서 다음과 같은 대화를 나눈다고 생각해보자.

부모: 엄마한텐 사탕 3개가 있고 지안이한테는 사탕 7개가 있네? 누가 더 많은 거지?

아이: 당연히 지안이가 더 많은 거지!

부모: 왜 그렇게 생각해?

마지막 질문에 "그냥 많으니까!"라고 답하는 아이가 있는가 하면, 어떤 아이는 "4개가 더 있으니까." 하는 식으로 대답할 것이다. 그럴 때 그 '4개'가 곧 '차이'의 의미임을 아이에게 알려주자. 그런 뒤 다음과 같이 이야기를 나누며 함께 식을 세워보면 좋다.

부모: 차이를 구할 때도 뺄셈을 이용하네? 많은 것에서 적은 것을 빼주면 몇 개 더 많은지 차이가 나는 거네! 지안이와 엄마가 가진 사탕 수의 차이는 7−3이겠다, 그치?

이런 활동 또한 놀이와 같은 것이라 긴 시간 동안 할 필요는 없다. 아이가 흥미를 느끼는 시간 동안만 하다가 끝내면 된다. 그러다 차이에 관해 이야기할 수 있는 다른 상황에 접하면 또 툭 한번 던져보는 식으로 이야기를 끌어내보자. 우리 집의 경우, 두 아이가 빨래를 개고 있을 때 첫째가 말한 내용을 시작으로 다음과 같은 대화를 이어갈 수 있었다.

아이: 수안이가 나보다 더 빨리 개고 있네!

부모: 오, 그러네? 그러면 몇 개 더 많이 개고 있는 거지?

아이: 두 개!

부모: 맞았어! 그걸 식으로 세우면 어떻게 될까?

아이: 잠깐만 있어봐~ 일곱 개랑 다섯 개니까…… 7 빼기 5는 2!

부모: 와아! 맞았어! 그러면 지안이와 수안이가 갠 수건은 모두 몇 개인지도 식으로 말할 수 있을까?

아이: 모두 구하기는 더하기니까, 7 더하기 5는 12!

부모: 오, 지안이 잘 기억하고 있네! 수안아, 오빠가 참 잘한다, 그치?

부모는 아이가 스스로 생각하게끔 질문을 던져주는 것만 해도 충분하다. 답을 맞추거나 부모가 응원해주면 아이는 자신감이 점점 커질 것이다.

단, 아이가 답을 모르거나 틀리더라도 화를 내선 안 된다는 점을 기억해야 한다. 모르면 계속 알려주면 된다. 그간 많은 학생을 가르치며 깨닫게 된 것은, 누구든 인풋이 꾸준히 주어진다면 언젠가는 아웃풋을 내놓는다는 사실이다. 차이가 있다면 그 아웃풋이 나오는 시기가 아이마다 다르다는 것인데, 그 시기까지 못 참는 것은 아이가 아닌 부모다. 아이들은 저마다 자기만의 속도로 깨치고 알아가는 중이니, 아이를 믿고 꾸준히 대화하며 이끌어주자.

'덧셈·뺄셈' 관련 놀이

'구십구(99)'는 덧셈 연산을 익히기에 좋은 보드게임이다. 게임에 참여하는 인원이 몇 명이냐(2명, 3명, 4명)에 따라 처음에 시작하는 수(40, 20, 0)가

달라진다. 각 참여자는 이미 바닥에 나와 있는 수에 자신이 내는 카드의 숫자를 더한 합을 이야기한다.

단, 합산한 수가 99가 초과되는 사람은 게임에서 패하기 때문에, 조커 카드와 ±10이 가능한 카드를 활용해 99가 넘지 않게 할 수 있다. 이런 과정에서 아이들은 연산은 물론 '이상'과 '이하'의 개념도 익힐 수 있다. 이 게임의 포켓몬 버전도 출시되었으니 포켓몬을 좋아하는 아이라면 이 버전을 이용하자.

초등 1~2학년을 위한 수독대 공부법 ③ : 곱셈

초등 1~2학년의 '곱셈' 영역

문제 1 7×9

문제 2 7×9를 더하기를 이용한 방법과 뺄셈을 이용한 방법 두 가지로 설명해보세요.

우선 위의 문제를 보자. [문제 1]에 자신 있게 "63!"이라고 답할 아이들은 많다. 그런데 [문제 2]에서 머뭇거린다면 이는 곱셈을 이해하고 있는 아이가 아니라 구구단을 암기한 아이이다. 똑같은 수를 몇 번 더한 것이 곱셈 개념이라는 사실 자체를 모르는 것이다.

[문제 2]의 답은 아주 많이 나올 수 있다. 그중 가장 간단한 두 가지는 "56에 7을 더해요!", "70에서 7을 빼요!"다. '에이, 그 정도는 나도 알지.' 싶다면 다음 문제를 보자. 실제 2학년 과정에 나오는 문제다.

문제 1 다음 모형의 수를 곱셈을 이용하여 구하는 두 가지 방법을 말해보시오.

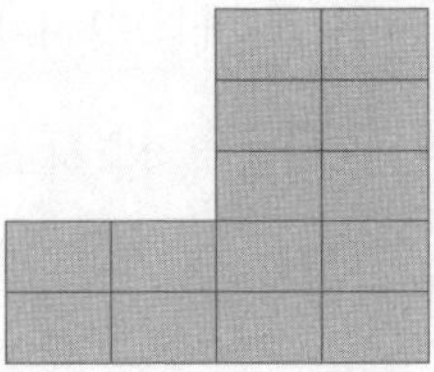

문제 2 곱셈구구를 이용하여 사과의 수를 구하시오.

이 문제들은 곱셈의 원리를 제대로 알지 못하면 풀 수 없기 때문에 실제로 오답률이 높다. [문제 1]의 경우 2개씩 7묶음임을 알아채고 '2×7'이라 말하거나, 4개씩 5묶음에서 2개씩 3묶음을 빼는 것(4×5－2×3)이라고 설명할 수 있어야 한다.

[문제 2]를 보고선 2개씩 묶음이나 4개씩 묶음, 7개씩 묶음을 할 수 있어야 한다. 그러나 빈 공간을 보고 곱셈으로 나타낼 수 없다고 말하며 같은 수로 묶지 못한다면 역시 곱셈의 원리를 모르는 것이다.

곱셈은 저학년인 2학년(곱셈, 곱셈구구) 때부터 고학년인 5학년(자연수의 혼합계산, 약수와 배수) 때까지 계속해서 다뤄지는 영역이다. 따라서 저학년 때 반드시 개념을 확실히 다잡아놓아야 한다.

'곱셈' 관련 도서

『떡 두 개 주면 안 잡아먹지』(이범규 지음, 비룡소, 2009)

고개를 넘어가는 할머니에게 호랑이가 매번 나타나 "떡 몇 개 주면 안 잡아먹지!" 하고, 그때마다 받는 떡의 개수가 달라지면서 구구단 노래를 불러볼 수 있는 책이다. 책 뒷부분에선 곱셈이 새로운 연산 약속임을 설명하고, 점점 늘어나는 떡 개수를 아이들이 직접 표에 써볼 수 있게끔 구성되어 있다.

『떡장수 할머니와 호랑이는 구구단을 몰라』(이안 지음, 뭉치, 2024)

'초등 1, 2학년 수학동화' 시리즈 중 한 권이다. 전래동화에 묶음 수 규칙 찾기, 곱셈, 나눗셈 개념까지 자연스럽게 섞여 스토리텔링이 되어 있다. 함께 읽어볼 전래동화 추천 리스트, 엄마표 수학놀이 부록도 있어 독후 활동을 하기에 좋다.

『외우지 않고 구구단이 술술술』(이경희·한지민 지음, 마음이음, 2018)

'1장: 곱셈구구 깨치기'에서 곱셈의 개념을 이해한 뒤 '2장: 곱셈구구 활용하기'에서 응용해보기 좋은 책이다. 뒷부분에 나오는 '손가락으로 하는 곱셈구구', '계산기로 알아보는 곱셈마술'도 아이들이 좋아하니 함께 해보길 권한다.

『구구단과 곱셈 퀴즈』(로지 디킨스 지음, 신인수 옮김, 어스본코리아, 2020)

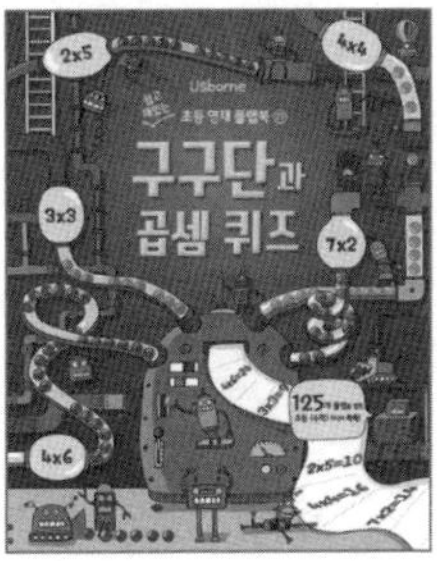

곱셈과 구구단을 익히며 플랩북을 열고 퀴즈를 풀어나가는 책이다. 문제를 읽고 생각한 후 플랩북 속 답을 확인하며 재미있게 볼 수 있다. 구구단을 넘어 10~12단의 문제까지 나오는데, 아이가 그것들을 외우기보다는 '같은 수를 더하는' 곱셈의 원리를 생각하며 답할 수 있게끔 이끌어주면 좋다.

『사구팔구 나라의 곱셈장이』(김은혜 지음, 그레이트 북스, 2008)

'개념씨수학나무' 전집 중 한 권이다. 묶어서 세는 것은 많은 물건을 편하게 세기 위한 방법이라는 점, 그리고 곱셈의 원리가 잘 설명되어 있어 아이들의 이해를 도와준다.

『증조 할머니와 홍시』(이향안 지음, 교원, 2011)

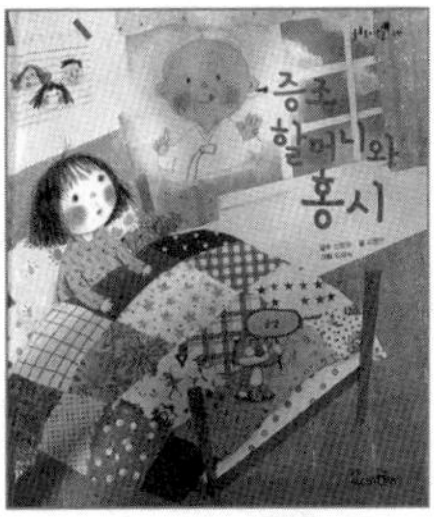

교원의 '솔루토이 수학' 시리즈 중 다섯 번째 책이다. 제사상에 올리는 음식을 규칙대로 나열하며 곱셈 개념을 설명해준다. 제사에 대한 이야기를 아이들과 나눠볼 수 있고, 책 뒤에 독후 활동 코너가 있어 함께 해보기에 좋다.

'곱셈' 관련 대화

실생활에서는 규칙적으로 나열된 것들뿐 아니라 불규칙적인 경우의 것들도 아이와 함께 곱셈으로 계산해보면 좋다. 다음은 상자 안에 규칙적으로 나열된 초콜릿과 관련된 곱셈 관련 대화의 예다.

부모: 와아, 초콜릿 맛있겠다! 가로로 5칸, 세로로 6칸씩 담겨 있네? 그러면 여기에 있는 초콜릿은 모두 몇 개일까? 곱셈으로 생각해볼 수 있어?

아이: 5개씩 6묶음이니까, 5 곱하기 6은 30!

부모: 오, 맞았어! 30은 우리가 어떻게 읽었지?

아이: 그건 이제 알죠! 서른!

부모: 맞았어! 우리 지안이 잘 기억하고 있네!

다음은 불규칙적으로 나열된 사물을 소재로 하는 '곱셈' 관련 대화의 예다. 포켓몬 카드 여러 장이 거실 여기저기에 마구 흩어져 있는 상황에선 어떻게 대화해볼 수 있을지 먼저 생각한 뒤 읽어보자.

부모: 지안아, 이제 여기 카드 좀 정리하자. 근데 우리 재미있게 묶음으로 한번 정리해볼까? 10장씩 묶어서. 어때?

아이: 좋아요! 대신 엄마도 10장씩 해요!

부모: 오케이! 10장씩 묶어보니 4묶음이 나오고 2장이 남네? 그러면 카드는 모두 몇 장인 걸까?

아이: 10이 네 번이니까 40이고, 남은 게 2장이니까 42장!

부모: 그걸 곱셈식으로 생각해볼 수 있겠어?

아이: 10 곱하기 4에 2를 더합니다! 42는 6개씩 묶어도 돼! 6 곱하기 7은 42!

부모: 와, 지안이 대단하네! 아주 잘 기억하고 있어!

이와 같이 실생활에선 여러 상황을 활용해 수학 대화를 나눌 수 있다. 중요한 것은 이런 활동을 통해 아이가 일상에서도 수학 풀이에 관해 스스로 생각하게 만들어줄 수 있다는 점이다. 이는 학교나 학원의 선생님들은 해줄 수 없는, 오직 부모만이 아이에게 줄 수 있는 소중한 선물이기도 하다.

초등 1~2학년을 위한 수독대 공부법 ④ : 측정

초등 1~2학년의 '측정' 영역

초등 1~2학년의 '측정' 영역에는 시각과 시간, 길이 관련 내용들이 나온다. 아이들이 재미를 느끼면서도 어려움을 겪는 부분인데, 특히 시계 관련 단원에서 '시각'과 '시간'을 헷갈려 오답을 내는 경우가 많으니 꼭 정확히 알려줘야 한다.

시각(時刻)은 시간의 한 지점을 뜻하니 "시계를 딱 봤을 때, 그때가 바로 시각이야."라고 설명하면 좋다[이런 설명을 듣고선 '시각(視覺)'과 혼동하는 아이도 간혹 있으니 정확히 구분해주자]. 그와 달리 시간(時間)은 시각과 시각 사이를 의미하는 개념임을 알려주고, 학교에서 머무는 시간을 예로 들어주면 효과적이다.

'1시간=60분'이라는 수학적 약속도 시계를 보면서 정확히 알려줘야 한다. 3학년 과정에서의 시간 계산에선 일반 연산과 달리 60을 받아 올리거나 내려야 한다. 이때 이미 수 가르기 모으기를 잘하고 '1시간=60분'이란 개념이 확실히 인지된 아이는 이를 쉽게 해내지만, 그렇지 못한 아이는 오답을 자주 낸다.

내가 가르친 학생 중 한 명도 시간 계산을 특히 어려워했다. 원인을 살펴보니 저학년 때 연산법을 올바르게 익히지 못했음은 물론 시각과 시간의 차이도 모르는 상태였다. 그래서 3학년 진도를 잠시 멈춘 뒤 이전 학년 과정으로 돌아가 시각과 시간의 개념, 수 모으기와 가르기부터 다시 알려주니 그때부터는 풀이에 문제가 없었다. 이처럼 아이의 현재 학년과 상관없이, 복습해야 할 이전 과정이 있다면 망설이지 말고 곧장 돌아가 다시금 내용을 다진 뒤 돌아올 필요가 있음을 기억해두자.

길이 관련 내용은 초등 2학년 1학기에 나온다. 길이의 측정 단위는 많지만 자로 재야 정확한 길이를 알 수 있다는 것, 어림하여 길이 재는 법, '1m=100cm' 등의 수학적 약속들을 정확히 가르쳐줘야 한다. 그런데 이 시기에 "1m는 100cm!" 하고 무작정 외워버린 아이는 고학년이 되면 그것을 무조건 잊어버린다. 그러니 "10cm가 열 번이면 100cm잖아. 이것을 줄여서 1m라고 부르기로 했어."라고 이해시켜 아이가 나중에도 스스로 생각해내게끔 해주자.

위와 같이 설명하면 대부분은 '그렇구나.' 하고 받아들이는데, 개중엔 "왜 그렇게 부르기로 한 거예요?" 하고 묻는 아이도 있다. 그럴 때는 그것이 바로 수학적 약속이라 모두 그렇게 사용하는 거라고 설명해주면 된다. 내가 자주 쓰는 방법 중 하나는 "서아는 왜 이름이 서아야?"와 같이 묻는 것이다. 그럼 아이는 "아빠가 지어주셨으니까요."라는 식으로 대답하기 마련인데, 그때 “1m도 수학자가 100cm와 같은 길이를 부르려고 지은 이름이래.”라 하면 대개의 아이가 이해하고 수긍했다.

‘측정’ 관련 도서

『마법 약을 삼킨 리탄』(최수복 지음, 교원, 2011)

정해진 시간 안에 마법 약의 재료를 모으고 마법사를 물리친 뒤 왕국으로 돌아오는 이야기다. “지금이 7시니까 12시까지 잡으면 될 거야!” 같은 구절을 읽으며 첫 페이지에 있는 시계 모형으로 7시와 12시를 만들어보고, 총 몇 시간이 걸리는지에 대해서까지 함께 얘기해볼 수 있다. “지금이 8시니까 8시 30분까지 시간을 주도록 하지.”에 이어 “어떡해! 벌써 8시 15분이야!”라는 구절을 읽을 때는 아이들이 “이제 15분 남았네!” 하는 식으로 스스로 시간을 계산하기도 한다.

『세상에서 가장 아슬아슬한 자동차 습격 사건』
(펠리시아 로 지음, 황세림 옮김, 푸른숲주니어, 2016)

주인공 매쓰와 친구들이 자동차를 훔친다는 이야기에 시각과 시간의 모든 개념이 들어가 있어 아이가 이 개념들을 익히기에 매우 좋은 책이다. 시간의 유래와 윤달의 의미도 설명되어 있고, 중간중간 퀴즈가 있는 등 아이의 흥미를 불

러일으킬 만한 요소가 많다.

『쉿! 신데렐라는 시계를 못 본대』(고자현 지음, 뭉치, 2024)

'초등 1, 2학년 수학동화' 시리즈 중 한 권이다. 무도회에서 12시가 되기 전에 돌아와야 하는 신데렐라는 시계를 볼 줄 몰라 난감해한다. 주인공들과 신데렐라가 함께 연극을 준비하면서 시간의 소중함과 약속의 중요성을 배우게 된다. 시각과 시간 외에 측정 영역의 이야기도 들어 있고, 각 이야기의 끝에는 한눈에 볼 수 있게끔 내용이 요약되어 있어 아이가 개념을 정리하기에 좋다.

『우리 시계탑이 엉터리라고?』(박정선 지음, 시공주니어, 2014)

어느 마을에는 긴바늘이 없는 시계탑이 있다. 이것을 본 한 시계장수는 마을 사람들에게 그 시계탑의 시각이 틀린 이유를 설명하며 시계를 팔려 한다. 하지만 시각의 개념을 깨우친 사람들 덕분에 시계탑에 긴바늘이 생기고, 시계장수는 시계를 팔려던 계획에 실패하고 만다는 이야기다. 책에서 얘기되는 시각에 맞춰 긴바늘의 위치가 어디여야 하는지를 짚어보며 읽기에 좋다. 각 페이지의 질문란에선 시계 보는 법을 퀴즈로 배울 수 있다.

『신통방통 시각과 시간』(서지원 지음, 좋은책어린이, 2015)

좋은책어린이 출판사에서 나오는 '신통방통 수학' 시리즈 중 한 권이다. 아이들이 좋아하는 코딱지 이야기가 들어가 흥미롭게 읽힐 수 있고, 시간이 그림으로 잘 표현되어 있어 좋다. 아이와 함께 '작가의 말' 부분을 함께 읽으면서 시간의 중요성에 대한 이야기도 나눌 수 있다.

『코끼리 치마는 너무 짧아』(이규희 지음, 교원, 2011)

염소 할머니가 동물 친구들의 한복을 만들어주기로 했다. 그런데 각자가 의뢰할 때 말한 기준('손으로 두 뼘', '연필 5개만큼' 등)과 염소 할머니의 기준('염소 할머니의 손으로 두 뼘', '염소 할머니가 갖고 있는 연필 5개만큼' 등)이 달라 결과적으론 한복 길이가 제멋대로 잘못 나왔다는, 그래서 자를 이용하면 누가 재더라도 정확한 길이를 측정하고 적용할 수 있다는 점을 알려주는 책이다. 코끼리 치마가 너무 짧아져버려 엉덩이가 다 보였다는 대목에선 모든 아이들이 까르르 웃으며 저마다 한마디씩 하기 바쁘다.

『알쏭달쏭 알라딘은 단위가 헷갈려』(황근기 지음, 뭉치, 2023)

'초등 1, 2학년 수학동화 시리즈' 중 한 권이다. 알라딘이 요술 램프를 찾아 떠나는 여행 도중 만나는 다양한 상황에서 단위를 활용해야 한다. 길이·무게·부피·넓이 등 다양한 단위의 개념과 활용 방법을 이야기를 통해 학습할 수 있어 단위 변환 및 계산 능력 향상에 효과적이다. 무게·길이·넓이·각도·들이 등 모든 단위를 아우르고 있어 좋다.

'측정' 관련 대화

시각과 시간의 개념은 일상 대화에서 쉽게 주제로 활용할 수 있다. 다음은 아이와 함께 생활계획표를 짤 때 나눌 수 있는 대화의 예다.

> **부모:** 지안아, 책 읽는 시간은 몇 시부터 몇 시까지 할 거야?
>
> **아이:** 책은 자기 전에 읽고 싶어요. 그러니까 8시에서 8시 30분까지로 할래요.
>
> **부모:** 좋은 생각이네. 근데 여기서의 8시는 시각일까? 시간일까?
>
> **아이:** 시계를 딱 봤을 때니까 시각이에요!
>
> **부모:** 그럼 지안이가 그린 생활계획표대로 생활하면 독서하는 시간은 얼마일까요?
>
> **아이:** 제 독서 시간은 30분입니다!

집 안 곳곳에 있는 가전제품도 시각과 시간 공부에 활용할 수 있다. 가령 세탁기나 밥솥을 작동시키면 남은 시간이 표시창에 뜰 것이다. 그 시간을 아이와 함께 확인하며 읽고, 현재 시각에서 그 시간을 더하면 종료 시각이 언제가 될지 계산해보게 하자. 자신이 계산한 시각에 정확히 세탁이나 조리가 끝난다면 아이는 매우 즐거워할 것이다. 내 경험을 돌이켜보면, 이 활동에 재미가 붙은 아이는 부모가 가전제품을 작동시키면 한동안 자기가 먼저 달려와 계산해보려 했다.

길이 단원의 내용도 아이들로 하여금 실제 생활에서 경험하게 해보는 것이 가장 좋다. 줄자를 이용해 집 안의 가구를 함께 재서 기록한 후 단위 변환을 시켜보는 것이다. 가령 책상의 가로가 138cm였다면 이를 아이와 함께 1m 38cm로 고쳐본다거나, 세로의 길이까지 잰 뒤 가로와 세로의 길이를 더해보는 식이다. 단위 계산은 3학년부터 나오니 참고하자.

부모: 이 책상은 가로가 1m 38cm, 세로가 70cm네. 그럼 이 둘을 합치면 얼마가 될까?

아이: 음…….

부모: 길이를 계산할 때는 같은 단위의 숫자끼리 더하지? cm는 cm끼리, m는 m끼리 말이야. 그럼 cm의 숫자들끼리 더해 '38 + 70'부터 계산해볼까?

아이: 두 수를 더하면 108cm예요.

부모: 1m는 몇 cm지?

아이: 100cm요. 100cm를 1m라고 부르기로 한 거니까요.

부모: 그러니까 네가 계산한 108cm 중 100cm는 1m가 되겠다. 그치? 자, 그럼 이걸 아까 가로 길이의 1m랑 합칠 수 있겠네?

아이: 정답! 2m 8cm!

재미있는 건, 이런 단위 계산 활동들을 할 때는 아이가 문제집으로 풀 때보다 더 빨리 내용을 익힌다는 점이다. 또 이런 것들은 기억에도 계속 남아서, 우리 아이는 집에 있는 책상을 볼 때마다 나와 함께했던 길이 계산 활동을 떠올리며 내게 얘기해주곤 한다. 앞서 예로 든 책상 대신 아이가 좋아하는 장난감, 엄마나 아이의 팔 길이를 측정하면서 단위 계산 활동을 해보는 것도 좋은 방법이다.

'측정' 관련 놀이

'째깍째깍'은 시계 보는 방법을 재미있게 배우는 데 유용한 보드게임이다. 이 게임을 통해선 아날로그시계를 보는 법뿐 아니라 디지털시계의 24시간 표기법도 익힐 수 있다.

아날로그시계 카드를 모두 펼쳐둔 뒤 디지털시계 카드 하나를 펼친다. 카드에 적힌 시각을 확인한 후 아날로그시계에서 같은 시각을 찾는다. 해당 시각을 찾은 사람은 흡착막대로 그 시계를 터치해서 붙이면 이기는 게임이다. 14 : 00라는 시각은 오후 몇 시인지 서로 대화하며 2시임을 알아갈 수 있는 식이라 아이들이 재미있게 시각을 배우게 되는 게임이다. 번외로 카드에 있는 시각 두 개를 뽑아 시간을 계산해볼 수도 있다.

초등 1~2학년을 위한 수독대 공부법 ⑤ : 도형

초등 1~2학년의 '도형' 영역

아이들은 아주 어릴 때부터 동그라미나 세모, 네모 등의 모양을 자주 접하기 마련이다. 그래서인지 초등학생들은 도형 단원을 웬만하면 다 즐기고 좋아하며 자신감 있게 대하는데, 그럼에도 간혹 입체도형을 어려워하는 아이들이 있다. 다음의 문제를 보자.

> **문제** 기둥 모양의 도형에 물감을 칠했을 때 나올 수 있는 모양을 모두 쓰세요.

'원기둥-원, 사각기둥-사각형'이란 답까지는 잘 쓰는데 삼각기둥과 관련해선 사각형을 빼먹은 채 '삼각기둥-삼각형'만 답으로 쓰는 학생들이 있다. 삼각기둥의 옆면을 생각하지 못하는 탓이다. 도형을 공부할 때는 각 도형이 갖는 성질을 정확하고 꼼꼼히 이해해야 이런 실수를 저지르지 않는다.

그런데 저학년 수학 과정에선 도형과 관련된 기본 내용이 상세히 다뤄지지 않기 때문에 아이와 함께 수학 도서를 읽으며 알려주는 편이 좋다. 가령 도형의 기초는 점이고 무수히 많은 점이 모여 선이, 무수히 많은 선이 모여 면이, 무수히 많은 면이 모여 입체도형이 된다는 원리부터 찬찬히 가르쳐주는 것이다.

대부분의 아이들은 이 점을 간과한 채 도형의 모양과 성질, 넓이나 부피 구하는 공식을 그저 외우기만 한다. 하지만 이런 기초적 개념이 자리 잡히게끔 어릴 때부터 부모가 도와주면 도형과 관련된 사항들을 아이는 자연스럽게 이해하고 응용하게 될 것이다.

'도형' 관련 도서

『풀풀이 아저씨 같이 가요』(윤정심 지음, 그레이트북스, 2008)

'개념씨수학나무' 전집 중 한 권이다. 점이 모이면 선, 선이 모이면 면, 면이 모이면 체가 된다는 원리가 그림으로 아주 잘 표현되어 있다. 도형 관련 개념이 약한 아이, 또 이 개념을 처음 익히는 아이라면 꼭 읽어보게 하자.

『점이 뭐야?』(김성화·권수진 지음, 만만한책방, 2017)

그림이 위주지만 점부터 시작해 선의 종류, 각도, 높이, 평행선까지 도형의 모든 개념을 담은 책이다. 만화의 구성과 유사해 글줄 책을 읽기 싫어

하는 아이라도 쉽게 손에 들 수 있다. 뒷부분엔 점이 없었다면 어땠을지를 상상해볼 만한 이야기가 실려 있어서 독후 활동을 하기에도 좋다.

『선분 삼 형제의 모험』(이귀숙, 그레이트북스, 2008)

선분과 직선의 차이점을 말한 후 선분 2개가 만나 각을 만드는 것, 3개가 만나 삼각형이 되는 경우, 도형 및 각의 명칭 등이 이야기로 쉽게 설명되어 있다. 삼각형에서 내각의 합이 왜 180도인지, 삼각형을 이용하여 다각형의 내각 합을 구하는 내용이 그림과 함께 쉽게 풀이되어 있어 매우 좋은 책이다.

『사각사각 나라의 왕자는 누구?』(신은미 지음, 그레이트북스, 2008)

선분 4개로 이루어진 도형이 사각형임을 이야기로 설명한다. 평행에 대한 개념을 이야기하고 각각의 관문을 통과하며 사다리꼴, 평행사변형, 마름모, 직사각형, 정사각형이 되는 성질을 알기 쉽게 표현해두어 좋다.

『우리 대결하자』(권재일 지음, 그레이트북스, 2008)

원과 부채꼴 관련 개념이 이해하기 쉽게 그림과 이야기로 잘 표현되어 있다. 실제로 원 모양 종이를 같이 접어보며 책에 나온 명칭과 성질을 눈으로 확인해보길 추천한다. 다각형들과 원의 차이점도 그림과 이야기로 잘 설명되어 있어 좋다.

『원은 괴물이야!』(김성화·권수진 지음, 만만한책방, 2018)

아무리 잘게 쪼개도 원을 채울 수 없다는 점이 그림으로 잘 나타나 있어 원주율에 대한 이해를 돕기 좋은 책이다. 컴퍼스 이야기가 나오는 중간 부분에서는 아이와 부모가 함께 원을 그려보며 이야기 나누면 좋다.

'도형' 관련 대화

도형은 실생활에서 많이 접할 있어 수학 대화를 해보기가 쉬운 주제다. 컵을 종이 위에 대고 그려보며 원에 관한 이야기를 나눠볼 수 있고, 과자 상자로 미술 놀이를 하며 명칭을 한 번 더 복습할 수 있으며, 누가 더 많은 모양을 찾는지 게임을 해볼 수도 있다. 다음은 식당에서 음식을 기다리는 중에 컵을 보고 책 내용을 떠올린 아이가 먼저 시작하는 대화의 예다.

아이: 컵의 윗면은 원입니다!

부모: 우와! 책으로 읽은 것이 생각났구나. 근데 원은 어떤 도형을 말하는 것이었더라?

아이: 한 점에서 같은 거리에 있는 무수히 많은 점들이 모여 선이 된 도형이요!

부모: 정확히 기억하고 있네? 그럼 컵에서 기준이 되는 한 점은 어디일까?

아이: (가운데를 짚으며) 여기요!

부모: 혹시 그 점의 이름도 기억나?

아이: 원의 중심!

부모: 딩동댕! 중심에서 원까지의 길이가 모두 같은 거잖아. 그 길이의 이름도 기억이 날까?

아이: 네! 반지름이에요!

부모: 잘했어! 지름은 원의 중심을 지나면서 원 위의 두 점 사이를 잇는 거리였지?

아이: 네! 그래서 반지름의 두 배는 지름의 길이랑 같아요!

과자 상자로 미술 놀이를 할 때에는 도형의 명칭을 다음과 같이 한 번 더 복습할 수 있다.

부모: 네가 먹은 과자 상자를 보니 며칠 전 우리가 읽은 책 내용이 생각나네. 점과 점이 만나면 뭐가 되었더라?

아이: 점과 점이 만나면 선분이 돼요! 여기 각티슈에도 점과 점이 만난 선분이 있어요!

부모: 선분 4개로 이루어진 도형을 무엇이라고 하더라?

아이: 사각형이라고 합니다!

부모: 과자 상자에 있는 사각형의 이름은 무엇일까요?

아이: 직각이 네 개 있는 사각형이라서 직사각형입니다!

그런가 하면 거실에서 누가 더 많은 도형을 찾는지 게임을 해볼 수도 있다. '도형'은 아이들이 즐거워하는 단원이니, 이런 대화와 활동을 통해 가정에서 더욱 즐겁게 익힐 수 있도록 해주자.

'도형' 관련 놀이

도형 게임으로는 '우봉고'를 추천한다. 고학년 과정에서 도형 영역을 배울 때는 도형을 밀고 뒤집고 돌리는 등 자유자재로 생각할 수 있어야 한다. 우봉고는 이런 능력을 미리 키워 줄 수 있는 퍼즐 게임이다. 퍼즐판을 고르고 주사위를 던진 뒤 나온 그림의 퍼즐을 퍼즐판에서 찾는다. 찾은 퍼즐조각을 퍼즐 위에서 돌리고 뒤집어보다가 맞췄을 때 "우봉고!" 하고 외치면 된다. 게임을 하며 공간에 대한 시각을 넓히고, 조각을 보며 꼭짓점과 선분에 대한 수학 대화를 나눠볼 수 있어 좋다.

초등 1~2학년을 위한 수독대 공부법 ⑥ : 규칙성

초등 1~2학년 '규칙성' 영역

'규칙 찾기'는 아이들이 큰 어려움 없이 즐겁게 하는 단원이다. 하지만 쉽고 재미있는 기본 문제들은 금방 푸는 데 반해 다음과 같이 사고력을 필요로 하는 응용 문제에선 아무래도 어려움을 느끼곤 한다.

문제 규칙에 따라 빈칸에 알맞은 수를 넣으세요.

36			42			48

이 문제를 풀려면 건너뛴 수들 사이에 어떤 규칙이 있는지부터 알아내야 한다. 제시된 수들은 각각 6씩 커지고 있고, 그 수들 사이엔 빈 칸이 2개씩 있다. 그러니 매 칸의 수는 앞의 수보다 2씩 커진다는 점을 파악한 아이들이 풀 수 있는 문제다.

기본 문제를 풀 때는 규칙 찾기를 재미있어하고 놀이처럼 느끼던 아이들도 이런 응용 문제들을 접하면 점점 흥미를 잃거나 두려움을 갖기 쉽다. 그러니 그런 부정적 인상이 생기지 않게끔 아이와 함께 규칙 찾기와 관련된 책을 읽거나 대화를 나눔으로써 찬찬히 접근할 필요가 있다.

'규칙성' 관련 도서

『신통방통 규칙 찾기』(서지원 지음, 좋은책어린이, 2016)

'신통방통 수학' 시리즈 중 한 권이다. 주인공은 달이라는 똑똑한 머슴이다. 달이는 달 모양, 가위바위보, 한복 무늬, 수 배열 등으로 규칙 찾기를 하며 문제를 풀어나가다 양반이 될 기회를 갖게 되지만, 그럼에도 가족을 선택한다는 이야기다. 이런 스토리 덕분에 규칙 찾기를 자연스럽게 접함과 동시에 가족이 갖는 의미에 대한 이야기도 나눠볼 수 있다.

『보석 왕관을 찾아라』(최향숙 지음, 그레이트북스, 2008)

'개념씨수학나무' 전집 중 한 권으로 벌렁코 탐정과 조수가 규칙성을 이용, 검은별이 숨긴 진짜 보석 왕관을 찾아간다는 이야기다. 규칙을 찾는 내용이 중간중간에 재미있게 녹아 있어 아이가 규칙성 개념을 쉽게 익히기에 좋은 책이다.

『큐브릭과 로봇의 상자 쌓기』(권재원 지음, 그레이트북스, 2008)

건축가 출신의 큐브릭과 집짓기 로봇인 루카스가 별나라에 가서 집을 지어주는 이야기다. 설계도에 맞게 쌓기나무를 쌓아 모형을 만들고 앞, 뒤, 옆, 위에서 본 각각의 모양들에 관한 이야기를 풀어준다. 6학년 교과 과정에 있는 '공간과 도형'에 도움이 될 내용이라 고학년이 읽어도 좋다.

'규칙성' 관련 대화

커지는 수들 사이에 빈칸들이 있어 그 규칙을 찾아내는 문제는 사실 우리 아이도 풀기 어려워했다. 그래서 대화로 접근하면 좋을 듯했는데, 마침 눈앞에 신문이 있어서 낙서하듯이 숫자를 쓰며 이야기를 시작했다.

부모: 지안아, 어제 풀었던 문제가 어려웠어? (신문에 문제를 쓰며) 1칸씩 비어 있는 문제는 몇 씩 커지는지 바로바로 알 수 있어 쉬운데, 이 문제에선 2칸이 비어 있지? 그러니 눈에 보이는 수들이 몇씩 커지는지를 먼저 확인해야 해.

아이: (신문에 같이 쓰며) 눈에 보이는 숫자는 36과 42니까 6이 커졌어요.

부모: 그렇지! 그런데 2칸이 비어 있으니까, 실제로 36에서 1번, 2번, 3번 커진 수가 42라는 뜻이지. 3칸 커지는 동안 수가 6 커졌으니까, 이건 1칸에 몇씩 커지는 규칙일까?

아이: 똑같이 커져야 하는 게 규칙이니까 2! 2씩 3번 커지면 6이 커진 거랑 똑같아요!

아이는 자기가 신문에 쓱쓱 쓰면서 스스로 해결해냈다. 이튿날에도 같은 유형의 문제를 주었는데, 한 번에 생각하지는 못했지만 힌트를 듣고선 역시 혼자 힘으로 풀었다.

2학년 과정에선 '달력에서 규칙 찾기'가 나온다. 다음의 실제 문제를 우선 살펴보자.

문제 9월 달력을 이용하여 유미가 할 일을 알아보려고 합니다.

일	월	화	수	목	금	토
1	2	3	4	5	6	7
8	9	10	11	12	13	14
15	16	17	18	19	20	21
22	23	24	25	26	27	28
29	30					

1) 유미는 매주 화요일과 목요일에 피아노 학원을 갑니다. 9월 한 달 동안 피아노 학원에 가는 날은 모두 며칠일까요?

2) 유미는 9월 첫째 토요일에 피아노 연주회를 합니다. 피아노 연주회는 몇 월 며칠일까요?

3) 유미는 피아노 연주회를 하고 2주일 후에 앨범을 만들었습니다. 앨범을 만든 날은 몇 월 며칠이고, 무슨 요일일까요?

집에서 아이와 함께 달력을 함께 보며 직접 문제를 만들어보자. 얼마 후 가족 행사가 있다면 달력에 그날을 표시한 뒤 "가족행사는 오늘부터 며칠 후에 있지?" 하고 묻거나, "지안이는 수요일과 금요일에 미술학원에 가지? 그럼 이번 달에 미술학원 가는 날은 모두 며칠일까?" 하는 식의 질문을 던져보면 된다.

'규칙성' 관련 놀이

쌓기나무

쌓기나무와 관련된 규칙성 공부를 위해선 놀이처럼 쌓기나무를 직접 쌓아보는 것이 가장 좋다. 교구를 구매하기 어렵다면 집에 있는 책이나 블록들을 나무 대신 쌓으며 함께 이야기해보자. 몇 층으로 이루어져 있는지, 앞과 위에서 본 모양은 각각 어떠한지, 쌓여 있는 것들은 총 몇 개인지 예상하고 실제로 세어보게 하는 것이다. 이와 같은 경험들이 축적되면 나중에 아이는 그림만 봐도 그 내부 모습이 저절로 그려질 것이다. 이런 면이 부족하면 고학년이 되었을 때 앞쪽에선 보이지 않는 부분의 쌓기나무 구성을 이해하지 못해 어려움에 봉착할 수 있다.

4장

수독대 공부법 2단계 : 집중타임, 초등 3~4학년

초등 3~4학년을 위한 수독대 공부법 ①
: 나눗셈

초등 3~4학년 '나눗셈' 영역

앞서 이야기했듯, 요즘엔 유치원에서 초등 1~2학년 수학 내용의 상당 부분을 어느 정도 접하기 마련이다. 때문에 초등 1~2학년생 아이를 위한 수학 지도를 걱정하거나 버거워하는 부모는 거의 없다. 이 시기 아이들의 부모는 아이가 수학적 개념들을 그저 외우는 게 아니라 잘 이해할 수 있도록 신경만 써주면 된다.

그런데 3학년 수학 과정에서부터는 추상적 개념이 차차 등장하기 때문에 2장에서 언급했던 수포자 조짐들이 조금씩 보이곤 한다. 그렇기에 3~4학년 시기에는 특히나 아이와 함께 수학 도서들을 챙겨 읽으며 개념을 정확하고 탄탄히 익힐 수 있게 해줘야 한다.

3학년 아이들은 1년에 걸쳐 나눗셈을 배운다. 그런데 1학기의 나눗셈은 대체로 잘하는 데 반해 2학기의 나눗셈은 자릿수가 커져서 어려움을 느끼기 시작한다(그 어려움에 대한 보다 구체적인 설명은 2장에 나온 '초등 수학의 수포자 갈림길 ①: 나눗셈, 분수'를 참고하자). 이어 4학년 1학기에도 '곱셈과 나눗셈' 단원을 배우기 때문에, 3학년 때 나눗셈의 개념을 확실히 인지하고 넘어가야 한다.

예시 곱셈식: $4 \times 6 = 24$ 나눗셈식: $24 \div 4 = 6$

특히 3학년 수학에선 위와 같은 곱셈과 나눗셈의 관계식이 나오는데, 곱셈식과 나눗셈식을 자유롭게 바꿔 쓸 수 있게끔 이해시키는 것이 중요하다. 가령 왼쪽의 곱셈식을 보면 '$24 \div 6 = 4$', '$24 \div 4 = 6$'을 자연스럽게 떠올릴 수 있어야 한다는 뜻이다. 물론 반대의 경우도 가능해야 한다.

3학년 2학기에는 나머지가 생기는 나눗셈이 나온다. 여기에서 아이가 어려워하지 않으려면 세로셈 방법을 차근차근 잘 익힘과 동시에 나머지의 개념도 명확히 알아야 한다.

세로셈이 잘 안 되는 아이들에겐 나눗셈의 기초인 뺄셈이나 그림을 활용해 나머지 개념을 먼저 가르쳐주는 것이 도움이 된다. 또한 나머지는 나누는 수보다 작아야 하는 이유를 알려주는 것도 중요하다. 나누는 수를 나누어지는 수에서 뺄 수 있는 한 다 빼줘야 하기 때문에, 나머지는 나누는 수보다 크거나 같을 수 없다는 점을 꼭 가르쳐주자.

이 점을 이해하지 못한 채 '나누는 수보다 작은 수는 나머지가 된다'라고만 외운 아이는 다음 페이지에 나오는 [문제 1] 같은 문제를 매우 쉽게 풀 수 있다. 외운 내용 덕분에 4보다 작은 수인 '0, 1, 2, 3'을 답으로 낼 수

문제 1 어떤 수를 4로 나누었을 때 나머지가 될 수 있는 수를 모두 쓰시오.

문제 2 다음 중 나머지가 4가 될 수 없는 식은 어느 것입니까?

① □÷5　② □÷6　③ □÷2　④ □÷7　⑤ □÷9

있기 때문이다. 그러나 [문제 2]처럼 유형이 다른 문제를 만나면 어려움을 느낀다. 나누는 수가 4보다 더 작은 식을 찾아야 하는데, 단순히 외운 내용에 비춰서는 답을 알기가 힘들기 때문이다. 따라서 나눗셈의 개념과 특징을 아이가 명확히 이해할 수 있게 가르쳐줘야 한다.

'나눗셈' 관련 도서

『올리와 툴이의 농장』(김영란 지음, 그레이트북스, 2008)

똑같이 나누기, 용어 설명 외에도 나누는 수가 바뀔 때 몫이 어떻게 달라지는지를 그림으로 잘 나타낸 책이다. 실제로 해보기엔 어려운 여러 나누기 방법이 그림으로 잘 나타나 있어 아이에게 알려주기에 좋다. 5학년 과정에 나오는 '약수' 부분을 어려워하는 학생들이 읽어도 도움이 될 책이다.

『신통방통 나눗셈』(서지원 지음, 좋은책어린이, 2016)

'신통방통 수학' 시리즈 중 한 권으로, 같은 수를 여러 방법으로 나눌 수 있음을 많은 그림과 식으로 보여준다는 것이 장점이다. 책에 나온 그림을 보

고 그것과 똑같이 실제로 물건들을 나누고 묶고 식을 세워보는 활동도 큰 도움이 된다. 뒷부분엔 곱셈과 나눗셈 관계가 잘 설명되어 있어 아이들이 이해하기에 좋다.

『산타클로스의 나머지 선물』(노지영 지음, 그레이트북스, 2008)

산타클로스의 명령에 따라 선물을 여러 주머니에 나누어 넣은 루돌프의 이야기를 담고 있다. 나머지가 생기는 상황인데 그 이유는 무엇인지, 왜 나머지는 나누는 수보다 작아야 하는지가 이야기에 녹아 있어 자연스럽게 나머지 개념을 익히기에 좋다. 나누어지는 수를 구하는 검산식에 대한 내용도 있어 아이들이 실제로 활용해보는 데 도움이 된다.

신통방통 플러스 『나머지가 있는 나눗셈』(서지원 지음, 좋은책어린이, 2013)

'신통방통 플러스 수학' 시리즈 중 한 권이다. 주인공 지우와 아라가 왕눈이를 도와 나머지가 있는 나눗셈을 공부한다는 스토리 안에 나누는 수와 몫, 나머지, 곱셈과 나눗셈의 관계, 검산식이 잘 설명되어 있다. 그림과 예시가 많아 아이들이 개념을 쉽게 이해할 수 있고, 직접 풀어볼 수 있는 다양한 문제도 실려 있어 좋다.

'나눗셈' 관련 대화

나눗셈을 주제로 하는 수학 대화에서는 아이가 나눗셈 관련 명칭들을 자연스럽게 익히도록 자주 언급해주는 편이 좋다.

부모: 20 나누기 4는 뭐지?

아이: 5!

부모: 이 식에서 4는 '나누어지는 수'일까, '나누는 수'일까?

이렇게 질문하면 아이는 생각을 한 뒤 대답할 것이다. 아이의 답이 틀렸다면 다시 고쳐주고, 맞았다면 칭찬을 해주자.

실생활에서 나눗셈 관련 대화를 하기에 가장 좋은 상황은 간식을 나누는 상황이다. 예를 들어 동그랑땡을 12개 구워서 아이에게 접시에 직접 똑같이 나누어보게 하자. 형제자매가 있는 경우는 형제와 아이, 없는 경우는 부모와 아이로 나눠보게 할 수 있다. 어떤 경우에든 기본 전제는 '똑같이 나눈다'임을 잊지 말자.

부모: 지안아, 너랑 수안이 접시에 동그랑땡을 똑같이 나눠줄 수 있어?

아이: 네, 할 수 있어요! 나 하나 수안이 하나, 나 하나 수안이 하나……. 다 했어요!

부모: 똑같이 잘 나누었네! 지금 한 것을 식으로는 어떻게 나타낼 수 있을까?

아이: 12개를 2명에게 주는 거니까 12÷2=6. 6개씩 먹을 수 있어요!

다른 날에는 동그랑땡을 13개 굽고, 같은 활동을 아이에게 부탁해 볼 수 있다.

부모: 지안아, 오늘도 나누어 담기 부탁해!

아이: 엄마! 오늘은 똑같이 나누어지지 않고 1개가 남아요!

부모: 어? 엄마가 지난번보다 하나 더 구웠나 보네. 그러면 오늘 상황은 식으로 어떻게 써볼 수 있을까?

아이: 13÷2=6. 그런데 1개가 남아요.

부모: 나눗셈에서 나누어떨어지지 않고 남는 수가 있었잖아. 그 수를 우리는 뭐라고 불렀지?

아이: '나머지'요! 나머지가 1입니다! 답 쓸 때 13÷2=6…1이라고 썼어요!

열성이 있는 아이는 이런 대화를 할 때 책상에 가서 검산식, 그리고 계산 과정까지 쓰기도 한다. 사탕이나 젤리 등 간단한 간식거리의 개수를 바꿔가며 아이가 다양한 나머지 상황을 경험할 수 있게 해주자.

초등 3~4학년을 위한 수독대 공부법 ②
: 분수

초등 3~4학년의 '분수' 영역

앞서 잠시 언급했듯 초등 3학년에선 분수, 소수 등 처음으로 자연수가 아닌 수가 나오기 때문에 아이들이 어려움을 느낀다. 그러나 '분수의 덧셈과 뺄셈'(4학년), '분수의 곱셈'(5학년), '분수의 나눗셈'(6학년) 등 분수를 바탕으로 하는 단원들은 이후 학년에도 계속해서 이어진다. 때문에 '분모', '분자', '단위분수'의 개념과 명칭, 분수를 읽고 쓰는 방법 등 분수 관련 기초는 이 시기에 반드시 명확히 익히게끔 해줘야 한다.

나눗셈처럼 분수 역시 3학년 1학기와 2학기에 계속 나온다. 1학기에는 1을 나눠서 분수로 나타내고, 2학기에는 모든 수 전체를 하나로 보고 나눠서 분수로 나타낸다는 차이가 있다. 이런 내용도 수학 도서를 통해 이야기로 먼저 접한 아이들은 비교적 쉽게 이해하고 받아들인다.

아이에게 분수를 가르칠 때 대개의 부모들은 분수 사용의 이유보다는 분수의 정의, 즉 "전체 중에 몇 개를 나타내는 수가 분수야."라는 식의 이야기부터 하기 쉽다. 그러나 이는 어른의 눈높이에나 맞는 설명이기에 아이들 입장에선 개념을 이해하지 못한 채 말로만 정의를 외워버리기 쉽다. 그러니 분수를 사용하면 어떤 점에서 편리한지도 알려주자.

문제 1 3은 18의 $\frac{\square}{\square}$이다.

위는 분수와 관련해 흔히 나오는 기초 문제인데, 이런 문제를 처음 접하는 아이들 입장에선 '이게 무슨 말이야?' 하는 생각이 든다. 그러니 처음에는 그림을 그려서 왜 이렇게 나누어야 하는지를 설명해주면 좋다. 18은 3개씩 몇 묶음으로 나뉘는지를 다음과 같이 그려주자.

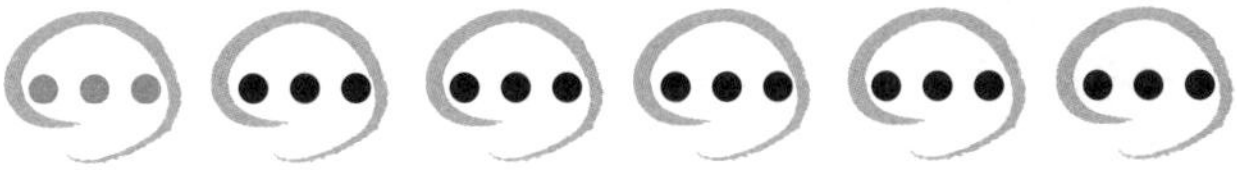

3개씩 똑같이 나누면 6묶음이 나온다. 이는 전체를 의미하는 분모가 되고, 3은 6묶음 중 한 묶음이므로 답은 $\frac{1}{6}$이다. 다음 문제도 이어서 살펴보자.

문제 1 9는 18의 $\frac{\square}{\square}$이다.

[경우 1] 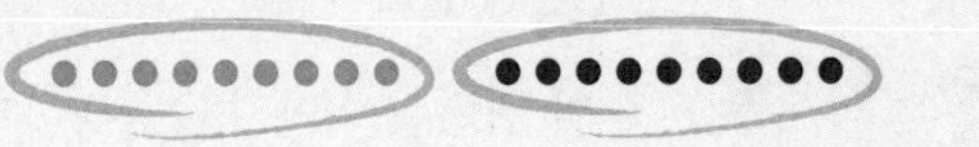

[경우 2]

[경우 1]은 18을 3개씩 묶어서 전체 묶음이 6개가 되게끔 만든 그림이다. 여기에서의 9는 6묶음 중 3묶음이므로 $\frac{3}{6}$으로 나타낼 수 있다. [경우 2]는 18을 9개씩 묶어서 전체 묶음이 2개가 되게끔 만든 그림인데, 여기에서의 9는 2묶음 중 1묶음이므로 $\frac{1}{2}$에 해당한다. 이처럼 동일한 수라도 몇 개씩 어떻게 똑같이 나누냐에 따라 답이 달라지니, 이 점을 아이가 이해할 수 있도록 도와주자.

'분수' 관련 도서

『조각 피자가 좋아요』(이경미 지음, 그레이트북스, 20008)

피자 가게에서 손님들이 주문하는 방식에 불편함을 느껴 분수를 활용하게 된다는 스토리다. 분수란 피자 한 판을 똑같이 나눈 뒤 그중 몇 조각을 나타내는 방식이라는 설명과 더불어 분수 표기 방법, 더 나아가 표기는 다르지만 양은 같은 분수 등을 아이들에게 쉽게 설명해준다.

『분수와 소수가 우리 집으로 들어왔다!』(황혜진 지음, 생각하는아이지, 2017)

실제 분수 사용법을 생활 속 이야기로 풀어낸 책이라 그 내용대로 수학 대화를 하기에 좋다. 분수의 연산 방법이 그림으로 쉽게 설명되어 있고 소수와 관련된 이야기도 등장하기 때문에 소수 부분을 어려워하는 아이에게 읽히기에도 좋다. 뒷부분에는 독후 활동이 가능한 문제들이 함께 실려 있다.

『세상에서 가장 아찔한 보물찾기 대작전』

(펠리시아 로 지음, 황세림 옮김, 푸른숲주니어, 2016)

나눗셈과 분수의 관계, 분수의 크기, 분수의 명칭 등 분수와 관련된 모든 개념들이 잘 나타나 있다. 나눗셈과 분수의 관계를 명확히 이해하는 아이들은 6학년 및 중학 수학 과정에서 곱셈과 나눗셈 표기의 생략을 수월히 할 수 있는데, 바로 그 부분을 이해시키기에 좋은 책이다.

『누나는 수다쟁이 과학자 2: 분수』(박현정 지음, 뜨인돌어린이, 2014)

'들어가는 말'에서 작가도 분수를 어려워했다는 이야기를 해주는 덕분에 아이들이 많이 공감하며 책 읽기를 시작할 수 있다. 분수란 어떤 수인지, 어떤 의미를 갖는지, 어떤 종류가 있는지, 어떻게 사용하는지 등을 주인공의 모험 이야기에 잘 담아 알려준다.

『신통방통 분수』(서지원 지음, 좋은책어린이, 2010)

'신통방통 수학' 시리즈 중 한 권이다. 중간에 색종이와 가위로 분수 개념을 설명하는 부분이 나오니, 책을 읽으며 아이와 함께 해당 부분을 실제 활동으로 해보는 것을 추천한다.

『분수가 뭐야?』(김성화·권수진 지음, 만만한책방, 2020)

분수 전체에 대한 개념, 분수의 덧셈에 대한 내용이 담겨 있는데, 줄글 책과 만화의 중간쯤 되는 형식이라 아이들이 쉽게 접근할 수 있다. 2학기에 배우는 여러 가지 수를 나누어 분수로 만드는 이야기가 있어서 좋다.

'분수' 관련 대화

일상생활에서 분수 이야기에 가장 활용하기 좋은 재료는 피자다. 피자 한 판을 가운데 두고 그중 한 조각을 나타내는 분수를 말해보게 하거나, 각자 몇 조각씩 먹은 뒤 저마다 얼마씩 먹었는지를 분수로 나타내게 해보자.

부모: 피자 한 판에 8조각이 있네, 그치? 8조각 중 8조각은 $\frac{8}{8}$이라고 쓸 수 있겠지?

아이: 네, $\frac{8}{8}$은 1과 같아요!

부모: 우리 가족이 먹은 피자를 분수로 나타내볼까?

아이: 아빠는 3조각 먹었지? 전체 8조각 중 3조각을 먹었으니까 아빠가 먹은 양은 $\frac{3}{8}$입니다!

부모: 그럼 지안이가 먹은 양은 2조각이니까 $\frac{2}{8}$다, 그치? 그럼

아빠가 먹은 양과 지안이가 먹은 양은 모두 얼마일까요?

아이: $\frac{5}{8}$입니다. 전체 양은 똑같으니까 조각 수만 더해요!

피자 대신 이용할 수 있는 간식은 많다. 초콜릿 하나를 사서 작은 조각으로 나누거나 김밥 김 한 장을 어떤 날엔 20조각, 또 어떤 날엔 10조각으로 잘라 분수를 만들며 이야기해볼 수도 있다. 이런 활동은 간단한 음식을 만들 때에도 가능하다. 가령 샌드위치 만들 때 아이에게 "빵을 $\frac{1}{3}$로 잘라볼까?", "햄은 $\frac{1}{4}$조각만 넣을까?", "잼은 $1\frac{1}{2}$숟가락만 발라보자." 하는 식으로 이야기하면 분수에 대한 아이의 생각도 조금씩 발전할 것이다.

초등 3~4학년을 위한 수독대 공부법 ③
: 소수

초등 3~4학년의 '소수' 영역

소수는 분수 다음으로 새로 등장하는 수 개념이다. 분수와 마찬가지로 소수 역시 6학년 과정까지 계속 나오니 기초를 잘 익혀두어야 한다.

소수는 분수와 비슷하지만 기준이 10으로 나눈 것이란 점, 그 10개 중 1개를 0.1으로 쓰기로 약속했다는 점을 아이에게 알려주자. 앞서 배운 분수 개념과 연결해 $\frac{1}{10}$은 0.1과 같다는 것, 10개 중 2개는 0.2로 표시한다는 것도 설명해주면 좋다. 값은 같은데 표기법 면에서 다르다는 점을 인지하고 나면 아이들은 보다 쉽게 이해하곤 한다.

아이의 필통에 으레 있기 마련인 자를 활용해 소수 개념을 알려주는 방법도 좋다. 0에서 1cm까지 10개로 쪼갠 것 중 하나가 0.1cm라는 점, 1cm에서 2cm를 10개로 쪼갠 것 중 하나도 0.1cm지만 이는 1보다 0.1만큼 커진 것이니 자연수 자리에 1을 써서 1.1cm로 써야 한다는 점을 가르쳐주자. 이 점을 이해한 아이들은 소수의 크기를 비교하는 문제도 수월히 푼다.

다만 소수 사이의 관계를 잘 이해할 수 있게끔 주의를 기울여야 한다. 소수를 $\frac{1}{10}$배 하면 왜 수가 소수점 기준 오른쪽으로 한 자리 이동하는지, 반대로 소수를 10배로 만들면 왜 수가 소수점 기준 왼쪽으로 한 자리 이동하는지를 이해시키는 것이 중요하다. 이는 추상적인 개념이라 글이나 말로만 가르치면 아이들이 매우 어려워한다. 그러니 반드시 다음과 같은 그림을 그려 눈으로 볼 수 있게, 또는 아이가 직접 그리고 점을 옮겨보게 해주는 것이 도움이 된다.

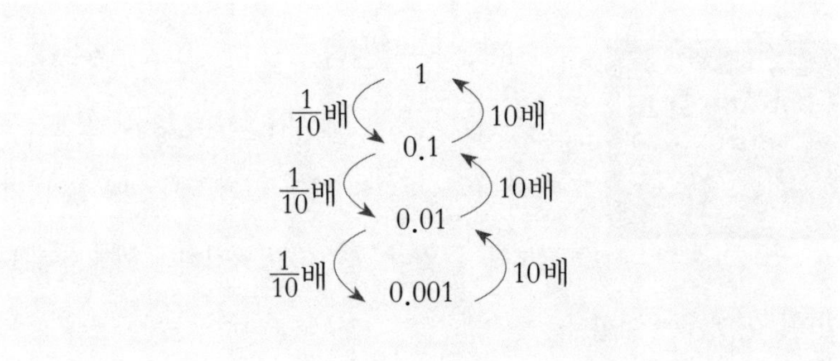

4학년 때는 소수의 덧셈과 뺄셈을 배우는데, 소수를 계산할 때 가장 중요한 것은 소수점임을 알려줘야 한다. 자릿수를 맞춰 계산해야 하기 때문이기도 하지만, 계산 후 답을 쓸 때 '1.2'라 써야 할 것도 소수점 찍는 것을 잊어버려 '12'라고 쓰는 경우가 허다하기 때문이다. 이런 습관은 이후의 학년에서 소수의 곱셈과 나눗셈을 할 때에도 오답의 원인이 되기 쉬우니 처음부터 강조하며 가르쳐주자.

'소수' 관련 도서

『작게 작게 잘라봐』(길상효 지음, 그레이트북스, 2008)

케이크를 낱개로 쪼개서 판매하는 스토리라 소수로 표기하는 방법이 잘 드러난다. 케이크 조각을 그림으로 보여주며 소수점을 왜 찍는지 설명해주기 때문에 아이들이 매우 쉽게 이해한다. 책을 읽은 뒤 실생활에서도 "케이크 2개 5조각 주세요!" 하는 식으로 다양하게 소수를 활용해 이야기해보자.

『해결사가 된 돼지』(백명식 지음, 내인생의책, 2015)

'돼지학교 수학' 시리즈 중 한 권으로, 분수와 소수의 어원 및 중등 개념인 소수의 종류(유한소수, 무한소수, 순환소수)까지 나와 있어 해당 내용을 미리 접해볼 수 있다. 중간중간 등장하는 퀴즈 부분도 아이들이 매우 좋아한다.

『억척이 최 여사는 못 말려!』(김유림 지음, 그레이트북스, 2008)

'개념씨 수학나무' 시리즈 중 한 권이다. 소수의 연산 원리가 매 장에서 그림으로 설명되기 때문에 아이들이 부담 없이 읽고 이해한다. 특히 연산법 자체를 외우려고만 하는 아이들에게 읽히면 좋다.

『신통방통 플러스: 소수의 덧셈과 뺄셈』(서지원 지음, 좋은책어린이, 2014)

소수점의 중요성, 소수의 표현, 소수 계산의 원리가 그림으로 잘 표현되어 있다. 주인공 도로시의 여행 수첩에 기록된 내용 중 핵심에 해당하는 부분들이 중간중간 요약정리되어 있어, 아이들이 책을 읽은 후에도 개념을 복습하기에 좋다. 소수는 누가 만들었고 왜 사용하는지를 설명하는 '작가의 말'도 소수의 이해에 도움이 된다.

'소수' 관련 대화

실생활에서 자를 이용해 여러 물건의 선분 길이를 아이와 직접 재보자. 그런 다음 지우개 5.2cm, 연필 11.4cm 등과 같이 직접 측정한 물건 길이를 기록한 후 '연필과 지우개의 길이를 모두 합하면 몇 cm일까?', '연필과 지우개의 길이 차이는 몇 cm일까?' 등의 문제를 만들고 풀어보자. 부모와 함께 식을 세우고 계산하다 보면 어느새 아이는 소수라는 개념, 소수의 덧셈과 뺄셈을 자연스럽게 이해할 수 있을 것이다.

소수점 이하 첫째 혹은 둘째 자리까지 표시되는 디지털체중계를 자 대신 활용해 대화해도 좋다. 다음은 그러한 대화의 한 예다.

부모: 우리 지안이 얼마나 컸는지 몸무게 한번 재볼까?

아이: 26.3kg이에요! 엄마 몸무게도 재보세요.

부모: 엄마는 57.2kg이네! 수안이도 재볼까?

아이: 수안이는 22.8kg이에요. 아빠도 재보세요!

부모: 아빠는 78.6kg이야. 그럼 우리 가족 몸무게는 모두 몇 kg일까요?

아이: 다 더하면 되니까 184.9kg이다! 진짜 무거워요!

부모: 그러면 지안이와 수안이 중 누가 몇 kg 더 무거울까?

아이: 차이를 구하면 되니까 지안이가 3.5kg 더 무겁습니다! 저도 문제 만들어볼래요! 아빠는 엄마보다 몇 kg 더 무거울까요?

부모: 78.6kg에서 57.2kg을 빼니까 21.4kg이네. 오, 근데 엄마랑 지안이 몸무게의 차이를 구하려면 일의 자리에서 수를 빌려와야겠다. 그치?

이 외에 여러 가지 물건이나 음식을 10개로 나눈 후 소수로 만들기를 해보는 것도 좋다. 실제 활동이 번거롭다면 아이와 함께 그림으로 그리며 나누어보는 방법을 추천한다.

초등 3~4학년을 위한 수독대 공부법 ④ : 자료와 그래프

초등 3~4학년의 '자료와 그래프' 영역

'자료와 그래프'는 대개의 아이들이 재미있어하고 큰 어려움을 느끼지 않는 영역이다. 아무래도 자료를 조사하고 그것을 바탕으로 표를 만들거나 그래프를 그리는 과정이 공부보다는 활동처럼 느껴져서 그런 듯하다. 이렇게 스트레스를 받지 않고 즐겁게 학습하는 것은 좋은 일이다. 그럼에도 이 영역은 통계의 기초에 해당하기 때문에 아이들이 정확히 인지하고 있어야 할 내용들도 있다.

표의 장점은 정확한 값을 알 수 있고 합계를 바로 볼 수 있다는 것, 그래프의 장점은 여러 자료 중 어떤 것이 더 많고 더 적은지 한눈에 파악할 수 있다는 것이다. 또한 4학년 2학기에 배우는 꺾은선그래프에선 여타 그래프들과 달리 자료값의 변화를 한눈에 파악할 수 있고, 언제 가장 많이 커졌으며 앞으로 어떻게 될 것 같은지도 예측해볼 수 있다는 특징이 있다. 그 외 그림그래프, 막대그래프 등 여러 그래프들의 특징과 장점을 비교해주고, 각각을 그리는 순서는 어떻게 되는지 등을 아이가 인지하게 이끌어주자.

'자료와 그래프' 관련 도서

『어떤 계절이 가장 좋아?』(이지현 지음, 교원, 2011)

교원의 '솔루토이 수학' 시리즈 중 한 권이다. 시골 외가댁에 놀러간 주인공이 동물 수를 조사하고, 식구들이 좋아하는 계절도 조사해 표로 만들고 그래프로 그린다는 스토리다. 자료를 표와 그래프로 만드는 이유와 각각의 장점이 잘 설명되어 있다.

『신통방통 플러스: 표와 그래프』(서지원 지음, 좋은책어린이, 2014)

남들이 풀지 못하는 문제들을 주인공이 표와 그래프를 활용해 해결해나가는 내용이다. 표, 그림그래프, 막대그래프, 꺾은선그래프 모두를 아우르고 있어 아이들이 각 그래프의 장점을 한눈에 파악하기 좋다. 도서관에서 사용하는 십진분류법과 그래프의 물결선이 갖는 의미도 알려준다.

『뒤죽박죽 궁전』(이혜다 지음, 교원, 2011)

'솔루토이 수학' 시리즈 중 한 권이다. 엉망진창인 옷장을 한눈에 파악하기 쉽게끔 그림그래프를 그려나가는 과정이 담겨 있어 아이들이 재미있게 이해할 수 있다. 생활 속에서의 표와 그래프에 대해서도 설명해준다.

『파스칼은 통계 정리로 나쁜 왕을 혼내줬어』(서지원 지음, 뭉치, 2024)

'초등 3, 4학년 수학동화' 시리즈 중 한 권이다. 자료를 정리하고 표로 나타내기, 그림그래프, 막대그래프, 꺾은선그래프에 관한 모든 내용을 담고 있다. 역사, 문학, 생활 속에서 그래프가 활용되었더라면 좋았을 곳, 그래프가 사용된 이유 등이 중간중간에 나와서 아이들이 생각해보기에 좋다.

'자료와 그래프' 관련 대화

이 영역과 관련해서는 아이와 대화만 나누기보다는 실제로 함께 자료를 조사해 표와 그래프를 만들고 그것을 바탕으로 여러 이야기를 해보는 편이 효과적이다. 조사 대상이 많을수록 좋겠지만 식구들과 친척들만으로도 가능하다.

내 경우엔 아이들과 책을 읽은 후 '가족 휴가지 정하기'를 숙제로 내줬다. 산, 바다, 도시 중 휴가지로 어디를 원하는지 식구들에게 물어보며 조사한 뒤 그 결과를 보기 좋게 표로 정리하고 그래프로 나타내게 한 것이다. 아이들은 이런 활동을 굉장히 재미있어하니 호응도도 높을 것이다.

또 통계청 홈페이지의 '보도자료'에는 여러 통계자료가 올라와 있다. 그중 인구통계 또는 우리나라 평균기온 등 아이가 비교적 쉽게 이해할 수 있는 자료들을 출력해 함께 보며 이야기하는 것도 좋은 방법이다.

여러 통계 자료를 볼 수 있는 통계청 홈페이지.

<표11> 가구 소득수준별 전체학생 1인당 월평균 사교육비 및 참여율

(단위: 만원, %, %p)

구 분	사교육비			참여율		
	2022년	2023년	증감률	2022년	2023년	증감
전 체	41.0	43.4	5.8	78.3	78.5	0.2
300만원 미만	17.8	18.3	3.0	57.2	57.2	-0.1
300 ~ 400만원	27.2	27.9	2.4	70.4	70.3	-0.2
400 ~ 500만원	35.1	35.3	0.7	78.7	76.8	-1.9
500 ~ 600만원	39.9	41.2	3.0	81.2	80.6	-0.6
600 ~ 700만원	46.9	48.4	3.4	84.8	85.1	0.3
700 ~ 800만원	51.8	52.7	1.8	86.6	85.8	-0.8
800만원 이상	64.8	67.1	3.5	88.1	87.9	-0.3

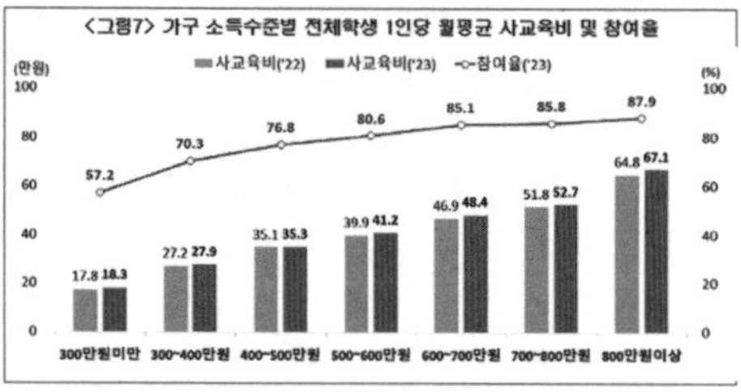

2023년 초중고 사교육비 조사결과를 나타낸 통계청 자료.

5장

수독대 공부법 3단계
: 골든타임, 초등 5~6학년

초등 5~6학년을 위한 수독대 공부법 ①
: 약수와 배수

초등 5~6학년의 '약수와 배수' 영역

1~4학년이 5~6학년 공부를 위한 개념과 연산을 배우는 시기였다면, 5~6학년은 중등 공부에 필요한 초석을 다지는 골든타임이다. '고학년도 수학 도서로 수학을 배울 수 있을까?' 싶겠지만 이 시기는 어느 학년보다 책으로 개념을 익히기에 좋다.

특히 5학년 1학기에 나오는 '약수와 배수'는 개념들을 정말, 반드시 잘 이해하고 넘어가야 하는 단원이다. "약수가 뭐지?"하고 물으면 대부분의 아이들은 "약수가 뭐였더라……" 하며 당황해할 뿐, '나누어떨어지게 하는 수'라고 답하는 경우가 거의 없다. 그러나 약수의 개념을 제대로 익히지 못하면 이후에 나오는 공약수와 최대공약수의 개념 및 이 둘의 관계도 이해하지 못해 어려움을 느낀다. 이 상태에서 그냥 넘어가면 중등 과정에서 또다시 벽에 부딪히며 수포자의 갈림길로 접어들기 쉬워진다. 중등 문제 중에는 약수 개념을 모르면 틀릴 수밖에 없는 것들이 의외로 많기 때문이다. 그러니 시간이 걸리더라도 약수의 개념은 확실히 이해시켜야 한다.

배수의 경우는 아이들이 많이 어려워하지 않는다. 어릴 때부터 곱셈을 배웠기 때문일 것이다. 다만 공배수는 '공통된 배수'이고, 수는 끝이 없으니 공배수 또한 무한이며 최대공배수란 존재할 수 없다는 점을 즉각 이해하긴 어려워하는 면이 있다. 더불어 최소공배수의 배수는 곧 공배수가 된다는 관계도 다소 헛갈려하는 부분이니, 이런 점들을 부모가 정확히 알려주면 크게 도움이 될 것이다.

'약수와 배수' 관련 도서

『똑같이 실어 줄게』(김용란 지음, 그레이트북스, 2008)

개념씨 수학나무 시리즈 중 한 권이다. 항구에 들어오는 짐을 트럭에 나누어 싣는 방법들을 이야기로 풀어내며 약수와 공약수의 개념을 알려주는 책이다. 경우의 수들이 그림으로 나타나 있어 아이들이 개념을 쉽게 이해할 수 있다.

『꽁치 참치 섞어 통조림』(최수복 지음, 그레이트북스, 2008)

개념씨 수학나무 시리즈 중 한 권이다. 들어오는 날짜가 각각 다른 꽁치와 참치를 어떤 날 동시에 받을 수 있는지 알아본다는 스토리를 통해 공배수 개념을 설명하는 책이다. 그림으로 쉽게 표현되어 있어 아이들이 이해하기 쉽다.

『약수와 배수로 유령 선장을 이긴 15소년』(정명훈 지음, 뭉치, 2018)

'초등 5, 6학년 수학동화' 시리즈 중 한 권으로, 여행을 가기 위해 유령선장의 문제를 풀어낸다는 스토리의 책이다. 약수와 배수, 소수의 곱셈과 나눗셈, 약분, 통분, 십이지와 십간, 소수의 의미, 유클리드 호제법 등 중등 과정의 내용 및 활용 문제까지 이야기로 쉽게 쓰여 있어 고학년생들이 읽기에 좋다.

『열차와 배에서 배수와 약수를 찾아라』(김승태 지음, 뭉치, 2020)

생활 속에서 만날 수 있는 수학적 요소를 건축, 스포츠, 음악과 패션, 자연, 교통 등으로 나눠 다룬 '실생활 속 숨어 있는 수학의 재발견' 시리즈 중 한 권이다. 약수와 배수 외에도 속도와 도형의 의미, 지도 등 다양한 수학 개념이 설명된다.

『피타고라스 학교에 간 돼지』(백명식 지음, 내인생의책, 2015)

'돼지학교 수학' 시리즈 중 한 권이다. 배수와 약수 의미 외에 배수 판별법, 십간십이지, 우애수, 소수, 합성수, 소인수분해 등 중등 과정에 나오는 개념들까지 다뤄져 좋다.

'약수와 배수' 관련 대화

실생활에서는 책이나 교과서에서 나오는 수보다 더 큰 수의 약수를 찾아보며 대화해보는 것이 좋다. 아이와 함께 달력을 펼쳐두고 12와 30의 약수에 서로 다른 색으로 동그라미를 치며 얘기를 나눠보자.

부모: 지안아, 약수는 어떤 자연수를 나누어떨어지게 하는 수였지? 우리 달력에서 12의 약수는 파란색, 30의 약수는 빨간색으로 동그라미 한번 쳐볼까?

아이: 12의 약수는 1, 2, 3, 4, 6, 12이고 30의 약수는 1, 2, 3, 5, 6, 10, 15, 30이에요.

부모: 그럼 빨간색과 파란색 동그라미가 모두 쳐진 수는 뭐지?

아이: 1, 2, 3, 6이에요! 공통되는 약수니까 이 수들이 12와 30의 공약수 맞아요?

부모: 딩동댕! 12와 30의 공약수는 1, 2, 3, 6이네! 근데 공약수 중 가장 큰 수를 뭐라고 불렀더라?

아이: 가장 큰 거니까 최대공약수!

부모: 딩동댕! 그러니까 최대공약수는 6이 되는 거구나. 그치? 그럼 6의 약수는 뭘까?

아이: 6을 나누어떨어지게 하는 수는 1, 2, 3, 6이에요. 어, 그럼 최대공약수의 약수와 공약수가 같네요!

이런 활동을 직접 해보면 공약수와 최대공약수는 각각 무엇인지, 또 최대공약수의 약수는 두 수의 공약수와 같다는 점까지 한 번에 알려줄 수 있다. 1부터 100까지 적은 종이를 프린트해서 여러 약수들에 직접 동그라미 표시를 해보는 것도 좋은 방법이다.

이런 활동을 통해 아이가 직접 경험하며 약수의 개념을 깨쳤다면, 그 다음엔 교과 내용에 나오는 '두 수의 약수 구하는 방법'을 가르쳐주자. 모든 약수를 일일이 찾으면 시간이 걸리지만 빠르게 계산하는 법이라고 설명해주면 무턱대고 계산법을 외울 때보다 더 잘 이해할 것이다.

중학생이 되면 소수(素數), 즉 1과 자기 자신만을 약수로 가지는 수에 대해 배우는데, 초등 과정에서 이런 활동을 할 때 그 개념을 슬쩍 알려주며 같이 동그라미 표시를 해보자. 그 경험이 기억되면 중학 과정 때 아이는 쉽게 개념을 이해할 수 있을 것이다. 5~6학년용 수학 도서들 중엔 중등 과정의 소수 개념을 다루는 것들이 많으니, 아이와 함께 책을 미리 읽어두는 것도 좋은 예습이 될 수 있다.

배수는 『꽁치 참치 섞어 통조림』에 나와 있듯이, 반복되는 날짜를 달력에 직접 표시하며 익히면 효과적이다. 또한 버스나 기차, 비행기 등이 몇 분이나 몇 시간마다 출발하는지를 가정해 시간표를 만들고, 그것을 바탕으로 아이와 함께 배수에 관한 이야기를 해봐도 좋다. 어떤 활동에서든 핵심은 '최소공배수의 배수들이 공배수가 된다'는 것을 아이에게 이해시켜주는 것이다.

초등 5~6학년을 위한 수독대 공부법 ②
: 통분과 약분

초등 5~6학년의 '통분과 약분' 영역

약수와 배수 개념을 확실히 인지한 아이들은 통분과 약분도 쉽게 해낸다. 그렇지만 우선은 통분과 약분의 개념, 용어를 정확히 알려주고, 왜 사용하는지 이유를 알려주는 데 초점을 맞추자.

$\frac{1}{2}=\frac{2}{4}=\frac{3}{6}$은 모두 같은 수지만 표현 방식이 다르다. 분자와 분모에 같은 수를 곱해 나타냈기 때문이다. 이때 분자나 분모 중 하나에만 수를 곱하면 전혀 다른 분수가 된다는 것, 또 통분은 '분모를 똑같게 만드는 과정'임을 아이에게 먼저 알려주자. 여러 분수의 크기를 비교할 때와 분수의 덧셈과 뺄셈을 할 때는 기준을 동일하게 만들어야 해서 통분을 해야 한다는 이유도 알려주자.

통분은 대개 주어진 분수들 중 분모들이 갖는 최소공배수를 구해서 한다. 이 지점에서 아이들은 왜 다른 공배수가 아닌 '최소공배수'를 활용하는지 의아해할 수 있다. 때문에 "여러 공배수 중 하나를 선택해도 돼. 그런데 수가 작을수록 계산을 효율적으로 할 수 있어서 최소공배수를 구해 통분하는 거야."라고 설명해주면 아이들도 명확히 이해할 것이다.

약분은 분자와 분모를 공약수로 나누어주는 것이고, 더 이상 나눠지지 않을 때까지 나눈 끝에 나오는 분수를 기약분수라 한다. 통분의 경우와 마찬가지로, 최대공약수로 약분하면 약수로 여러 번 계산해야 하는 번거로움을 덜고 효율적인 계산을 할 수 있다고 알려주자.

6학년 2학기에는 분수의 나눗셈을 배우는데, 사실 문제를 푸는 요령은 쉽다. 나누기 기호를 곱하기 기호로, 그리고 나누는 수를 역수로 바꿔서 계산하면 되기 때문이다. 그러나 이런 방법 자체보다는 왜 분수의 나눗셈을 그렇게 계산하는지부터 생각하고 깨닫게 해줘야 한다.

'통분과 약분' 관련 도서

『신통방통 플러스: 분수의 덧셈과 뺄셈』(서지원 지음, 좋은책어린이, 2014)

주인공 소담이가 요리를 배우면서 분수도 배워나간다는 스토리다. 분수의 개념, 통분을 하는 이유, 분모가 같은 분수의 덧셈과 뺄셈이 그림으로 잘 표현되어 있다. 요리와 분수를 함께 배우는 과정에 아이들이 많은 흥미를 느끼니 실제로 해보는 활동도 추천한다.

『분수가 풀리고 도형이 보이는 수학 이야기』

(난바 히로유키 지음, 최현주 옮김, 동양북스, 2021)

수학의 개념을 '왜 그런지'의 시각에서, 다시 말해 학교와 학원에서는 배우기 어려운 방식으로 잘 설명해주는 책이다. 초등 과정에서 배우는 수학을 전반적으로 거의 다루고 있는데, 특히 분수 연산법이 이해하기 쉽게 설명되어 있어 좋다.

『누가 치즈를 먹었을까?』(김수경 지음, 그레이트북스, 2008)

통분의 원리를 알기 쉽게 설명해주고, 분수의 덧셈과 뺄셈을 할 때는 왜 통분을 하는지도 치즈 그림을 통해 잘 나타나 있다. 부모 가이드 부분을 참고하여, 분수 셈을 해야 하는 이유에 대해 아이와 함께 이야기를 나눠도 좋다.

'통분과 약분' 관련 대화

생활 속에서 분수 셈을 하는 경우는 사실 흔치 않지만, 그렇다고 아예 없는 것도 아니다. 조각내서 먹을 만한 음식이나 짧게 잘라볼 수 있는 긴 끈 등을 활용하면 가능하다.

부모: 오늘은 가래떡을 꿀에 찍어서 간식으로 먹자. 이 떡을 우선 다은이가 먹기 좋게 $\frac{1}{8}$조각씩으로 잘라볼까?

아이: 가래떡을 1로 생각하고 8등분하면 되는 거죠? 이렇게요!

부모: 잘 잘랐네! 근데 떡을 그냥 먹으면 심심하니까, 요즘 다은이가 공부하는 분수로 한번 계산해보면 어떨까? 다은이가 이렇게 잘라놓은 8조각 중 만약 아빠가 3조각, 엄마가 2조각을 먹었다면 몇 조각이 남을까?

아이: 3조각이요.

부모: 그렇지! 그럼 원래의 가래떡을 1로 두고 분수식으로 표현해볼 수도 있겠네.

아이: $1-\frac{3}{8}-\frac{2}{8}=\frac{3}{8}$, 맞나요?

부모: 맞아, 잘했어! 1은 $\frac{8}{8}$과 같지? 분수의 덧셈이나 뺄셈에선 분모가 다르면 기준이 같도록 만들기 위해 통분해야 한다는 거, 우리 다은이가 잘 기억하고 있구나! 이제 맛있게 먹어보자!

여기까지 읽었으니 독자 여러분도 이제는 알게 되었을 것 같다. 수학 대화는 어느 날 아이와 함께 자리 잡고 앉아서 해보는 게 아니라 생활 속에서 자연스럽게 하는 것이라는 점을 말이다. 편안하게 평소처럼 대화하다 수학 개념을 언급해볼 만한 상황이다 싶으면 아이에게 툭 던지듯 질문해 아이 스스로 생각할 수 있게 해주자. 그다음엔 스스로 설명해보게 하고, 헷갈려하면 관련 도서를 다시 함께 읽거나 설명해주면 된다. 핵심은 스스로 깨닫고 이해하게 하는 것임을 기억해두자.

초등 5~6학년을 위한 수독대 공부법 ③ : 대칭과 합동

초등 5~6학년의 '대칭과 합동' 영역

5학년 2학기가 되면 도형의 합동과 대칭에 관해 배운다. 선대칭도형의 경우 아이들은 실제로 그려보거나 미술 시간에 하는 데칼코마니에 대한 설명을 들으면 쉽게 이해한다. 아주 어려운 개념은 아니라서 그런지, 저학년생들에게 대칭과 관련된 도서를 읽어주었을 때에도 아이들의 이해도가 높았다.

그러나 선대칭도형과 달리 점대칭도형의 경우엔 어려워하는 아이들이 종종 있다. 이런 아이들에게 점대칭도형의 개념을 알려주려면 모눈종이를 준비해 함께 그려보는 것도 좋은 방법이다.

도형 영역과 관련해 특히 중요한 것은 어휘력이다. '선분', '직선', '꼭짓점', '다각형', '원', '수직', '평행', '전개도', '모선' 등 관련 어휘들 자체는 물론 각각의 정의와 개념을 명확히 이해시켜줘야 한다. 문제를 풀 때 정작 올바른 어휘를 몰라 오답을 내는 경우가 예상 외로 많은데, 이런 아이들에겐 시중에 나와 있는 좋은 수학 사전들이 많으니 하나를 구입, 모르는 수학 용어가 나오면 언제든 쉽게 찾아볼 수 있게끔 도와주는 것이 좋다. 이 책 뒷부분의 부록 '학년별 추천 수학 도서' 목록에 수학 사전들도 실어 두었으니 참고해보자.

'대칭과 합동' 관련 도서

『접어 접어 돌려 돌려』(조상호 지음, 그레이트북스, 2008)

책을 읽으며 색종이로 함께 활동하며 개념을 접하기 좋은 책이다. 주인공이 종이접기를 하면서 다양한 모양을 만들고, 그 모양을 거울에 비춰보며 대칭에 대해 알아보는 내용이다. 아이가 책을 읽으면서 직접 색종이를 접거나 돌리고 모눈종이에 그려보며 도형에 대한 개념을 이해하고 수학 용어를 익히게 하면 좋다.

『연날리기』(스튜엇 J. 머피 지음, 엄혜숙 옮김, 한솔교육, 2010)

'한솔수학동화' 시리즈 중 한 권이다. 이 시리즈는 아이들이 스토리텔링 수학 동화와 수학 문제를 함께 접하면서 수학 개념을 쉽게 이해할 수 있도록 한다.

두 친구가 먹을 것, 놀 것을 똑같이 나누기 전에는 서로 싸우지만, 대칭을 적용해 동일하게 나눈 뒤엔 사이가 좋아진다는 이야기다. 일상생활에서 아이와 함께 해볼 만한 활동들이 책 뒷부분에 추천되어 있으니 활용해보자.

『라라와 빠루의 신혼여행』(강정화 지음, 그레이트북스, 2008)

합동인 도형들끼리 결혼을 한 뒤 신혼여행을 떠나는데, 저마다 물에 불어버리는 바람에 모양은 같지만 크기가 달라 닮음이 된다는 설명을 담은 책이다. 초등 수학 과정에서는 닮음에 관한 내용이 나오지 않지만, 이 책을 통해 합동과 함께 닮음의 개념까지 익혀두면 아이들이 중학 과정에서 보다 익숙하게 다가갈 수 있다.

'대칭과 합동' 관련 대화

대칭과 합동 단원에도 많은 수학 용어가 나온다. 대칭을 설명하기에 가장 좋은 방법은 미술 시간에 배우는 데칼코마니를 직접 해보는 것이다.

부모: 지안아, 종이를 반으로 접어서 한쪽에만 물감으로 그림을 그린 다음 다시 반으로 접으면…… 짠! 우리가 그린 물감이 반대쪽에도 찍혀 나오지? 이렇게 기준이 되는 점·선·면을 사이에 두고 같은 거리에서 마주 보고 있는 것을 '대칭'이라고 해.

아이: 저번에 책에서 읽은 거 기억나요. 여기 접은 선을 중심으

로 물감이 찍혔으니까 접힌 선이 이 그림의 대칭축이 되겠네요!

부모: 우와, 지안이 잘 기억하고 있네? 선을 기준으로 대칭이니까 선대칭도형이겠지? 그럼 우리가 그린 그림의 종이와 크기가 똑같은 다른 종이와 똑같이 포개지는 것을 뭐라고 할까?

아이: 합동! 도형에서 똑같이 포개지는 점, 변, 각은 각각 대응점, 대응변, 대응각이라고 해요.

부모: 지안이가 정말 잘 기억하고 있구나! 그럼 우리 이번에는 점을 기준으로 대칭이 되는 점대칭 도형도 그려볼까?

도형을 공부하는 가장 좋은 방법은 이렇듯 관련 대화나 활동을 실제로 해보는 것이다. 학교와 학원에서 문제로 공부했다면 아이가 집에서는 수학 도서를 읽고 이런 것들을 직접 경험해볼 수 있도록 도와주자.

초등 5~6학년을 위한 수독대 공부법 ④ : 비와 비율

초등 5~6학년의 '비와 비율' 영역

6학년 1학기 때 배우는 '비와 비율', 2학기 때 배우는 '비례식과 비례배분'은 향후 중학 과정의 공부에 있어 매우 중요한 단원들이다. 아이가 이 단원들을 공부할 때 가장 중시해야 하는 것은 비의 성질과 비례식의 성질을 분명히 구분해 익혀야 한다는 것이다. 비례 개념을 잘 배운 아이들은 중학 과정에서 나오는 함수도 잘 이해할 수 있다.

더불어 '전항', '후항', '내항', '외항' 등의 수학 어휘도 정확히 파악하고 있어야 문제를 풀 때 실수하지 않을 수 있다. 문제가 요구하는 것은 '비'인데 '비율'을 답으로 쓰거나, '비례식'으로 나타내라고 했는데 '비'를 써서 틀리는 경우가 상당히 많다. 모두 용어를 정확히 몰라서 틀리는 경우에 해당한다. 한자로 이루어진 용어들인 만큼, 다음과 같이 구분해 뜻을 설명해주면 아이들이 비교적 쉽게 이해한다.

- 비 = 어떤 두 개의 수 또는 양을 서로 비교하여 몇 배인가를 나타내는 관계 (a:b의 형태로 표시)
- 비율 = 기준량에 대한 비교하는 양의 크기 (분수, 소수, 백분율로 표시)
- 비례 = 둘 사이에 똑같은 배로 늘어가는 관계

이와 더불어 '전항과 후항에 0이 아닌 같은 수를 곱하거나 나누어도 비는 같다'는 것은 비의 성질, '내항과 외항의 곱은 같다'는 것은 비례식의 성질이라는 점도 함께 가르쳐주는 것이 좋다.

'비와 비율' 관련 도서

『누구 토마토 주스가 더 진할까?』(김효정 지음, 그레이트북스, 2008)

기준이 다른 두 양을 비교하기 쉽지 않고, 그래서 비율을 사용하게 되는 다양한 상황들이 그림으로 잘 표현된 책이다. 비율 영역을 이해하는 것이 어려운 중학생들이 읽어봐도 좋은 책이다.

『수학에 푹 빠지다: 분수와 소수』(김정순 지음, 경문사, 2012)

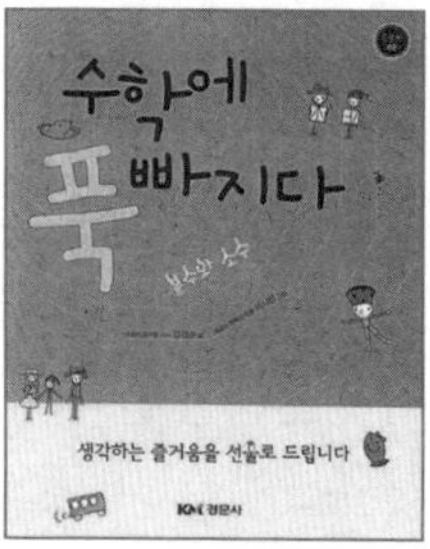

제목처럼 분수와 소수에 푹 빠지게 하는 모든 내용을 담은 책이다. 정확한 단어 설명부터 시작해 분수와 소수 비율이 사용되는 이유, 비와 비율 관련 설명까지 나와 있어 모든 개념을 아우르기에 좋다.

『수학천재의 비법노트: 수와 연산, 비와 비율』(브레인퀘스트, 우리학교, 2017)

'수학천재 비법노트' 시리즈 중 한 권이다. 중요 용어들은 형광펜으로 표시되어 있고 퀴즈와 예제도 있어 개념 익히기에 도움이 된다. 단가, 단위 변환, 비례식, 백분율 문장제(세금과 연체료, 할인과 가격인상, 봉사료와 판매수수료, 이자 등)와 함께 중등 과정의 내용까지 미리 접할 수 있다는 것도 이 책의 장점이다.

『에우독소스가 들려주는 비 이야기』(김승태 지음, 자음과모음, 2008)

'수학자가 들려주는 수학이야기' 시리즈 중 한 권이다. 두 수의 비, 비의 값, 비례식, 비례배분, 정비례, 반비례, 황금비, 닮음비 등 초등 과정은 물론 중등 과정과 연계된 내용까지 다룬다. 각 장마다 수업 목표가 제시되어 있고, 중간중간 만화와 그림이 나오며 글도 대화체라 아이들이 보다 친근하게 읽을 수 있다.

『과학공화국 수학법정 4: 비와 비율』(박신식 지음, 뭉치, 2018)

수학 사건들을 법정에서 해결하는 방식으로 이야기가 전개되어 흥미롭다. 속력, 터널, 농도 등 중등 수학의 활용 문제와 연결된 부분이 많기 때문에 비와 비율 개념이 부족한 중학생이 읽기에도 좋다.

『비와 비율』(오혜정 지음, 성우주니어, 1999)

'선생님도 놀란 초등 수학뒤집기' 시리즈 중 한 권이다. 비와 비율에 대한 개념 외에도 원주율, 환율, 타율, 방어율 등 일상 속 여러 비율의 개념을 잘 설명해준다. 실제로 잴 수 없는 큰 수를 비례식으로 구하는 방법, 황금비와 연비 및 비례배분, 닮음비와 루트 등 중등 과정의 개념들도 다룬다. 중간중간의 퍼즐과 퀴즈, 뒷부분의 영재교육원 기출 문제도 잘 활용해보자.

『물이 언제 다 찰까?』(김은혜 지음, 그레이트북스, 2008)

비례식과 비례배분 비례(둘 사이에 똑같은 배로 늘어나는 관계)를 그림과 표로 잘 설명해 비의 성질을 이해하는 데 도움을 준다. 비례식과 비례배분을 어려워하는 6학년은 물론 비율의 이해가 어려운 중학생에게도 좋은 책이다.

『비례배분으로 보물섬을 발견한 해적실버』(박신식 지음, 뭉치, 2024)

'초등 5, 6학년 수학동화' 시리즈 중 한 권이다. 비와 비율, 백분율, 비례식, 비례배분, 중등 개념인 정비례와 반비례 내용을 담고 있다. 비와 비율 이야기를 미술, 생활, 예술과 접목해 들려주기 때문에 아이들이 쉽게 흥미를 느낀다. 축척, 농도, 음계와 건축물, 국회의원 비례대표제까지 접할 수 있는 생활 속 비율 이야기도 함께 다뤄지고 있어 좋다.

'비와 비율' 관련 대화

비와 비율은 우리 생활과도 밀접히 관련되어 있다. 자주 가는 마트의 할인율(전체 금액에 대한 할인된 금액의 비율), 속력(걸린 시간에 대한 이동 거리의 비율), 농도(전체 용액에 대한 녹아 있는 물질의 비율), 타율(전체 타수에 대한 안타 수의 비율), 축척(실제 거리에 대한 지도상 거리의 비율) 등 실생활에서 아이와 함께 식을 세워보거나 문제를 바꿔보며 이야기할 소재들이 아주 많다.

가장 쉽게 이야기해 볼 만한 소재는 할인율이다. 할인율 문제는 실제로 중학 과정에서 자주 나오는데, 미지수로 표현되면 문제를 쉽게 이해하지 못하는 아이들이 많다. 초등학생 때 직접 할인율 개념을 이해하고 문제를 만들어보면 중학 과정 때 훨씬 쉽게 이해할 수 있을 것이다.

아이와 함께 실제 마트에 가서 할인율 관련 대화를 나누어보자. 다음은 정가가 28000원인 수박을 20% 할인한다는 안내를 본 상황에서 나눌 수 있는 대화의 예다.

부모: 우리 이준이가 좋아하는 수박이 28000원인데 20%를 할인하네? 그러면 얼마에 살 수 있는 걸까? 20%는 백분율이니까 이걸 먼저 분수로 나타내볼까?

아이: 백분율은 기준량이 100이니까 $\frac{20}{100}$ 이에요.

부모: 28000원의 $\frac{20}{100}$ 인 거네. 그럼 이건 식으로 어떻게 나타내

볼 수 있을까?

아이: $28000 \times \frac{20}{100}$ 이니까…… 5600!

부모: 아하, 할인금액이 5600원인 거구나. 그렇다면 판매금액은 얼마인 걸까?

아이: 28000원 빼기 5600원이니까 22400원이에요!

부모: 우와, 우리 이준이는 식도 잘 생각하고 계산도 잘하는구나! 그럼 이준이가 좋아하는 수박 한 통 사자!

이런 대화를 하며 장을 본 뒤 구매 영수증을 받고, 대화를 하며 계산했던 금액과 실제 지불 금액이 동일한지 확인하며 한 번 더 칭찬해주자. 이런 식으로 경험을 통해 할인율을 접하면 문제를 풀 때에도 어렵지 않게 느낄 수 있다.

차를 타고 이동하면서 속력에 대한 이야기를 나눠보는 것도 좋다. '속력=$\frac{거리}{시간}$'이라는 식만 외우게 하기보다는 "속력은 시간당 갈 수 있는 거리야."라고 비율 개념으로 설명해주는 편이 좋다. 다음은 시간당 100km의 속도로 고속도로를 달리는 중, 속력을 소재로 하여 아이와 나눠볼 수 있는 대화의 예다.

아이: 아…… 차를 너무 오래 타서 지겨워요. 언제 도착해요?

부모: 우리 같이 생각해볼까? 우리가 가야 하는 거리가 110km거든. 고속도로는 시간당 100km로 달려야 하니까 속력은 100km/시가 돼. 그럼 어떻게 식을 세워야 우리가 가는 총

시간을 구할 수 있을까?

아이: 속력 = $\frac{거리}{시간}$이니까 100 = $\frac{110}{\square}$, 맞아요?

부모: 맞았어! 그러면 □의 값은 어떻게 구해야 할까?

아이: 100=110÷□랑 같은 거니까 110÷100을 하면 돼요! 그러면 1.1이 나와요!

부모: 우와, 시우 대단한데? 속력의 단위는 '시'니까 답은 '1.1시간'이겠네! 1.1시간은 몇 시간 몇 분이었더라?

아이: $1\frac{1}{10}$시간이죠! 그리고 시간의 기준이 60분이니까 $1\frac{6}{60}$으로 고치면 1시간 6분이에요!

부모: 최고! 가는 데 걸리는 시간을 시우가 비율을 이용해서 직접 구했네!

어렵게 보일 수도 있겠지만, 이 대화에는 실제 6학년 아이들이 공부하는 바를 벗어난 내용이 없다. 모든 과정의 개념을 이해하고 성실히 공부했다면 누구나 가능한 대화라는 뜻이다. 만약 부모의 질문들에 아이가 대답하지 못한다면 아직 개념이 확실히 자리 잡히지 않은 것이니 다시 복습할 수 있도록 용기를 북돋워주자.

비례식과 관련된 일상 대화 역시 얼마든지 가능하다. 물품 가격, 또는 아이들이 좋아하는 라면을 소재 삼아 다음과 같은 식의 대화를 해보자.

부모: 라면 한 개를 끓이는 데는 550ml의 물이 필요해. 그럼 3개를 끓이려면 얼마의 물을 준비해야 할까? 비례식을 세워

서 답을 구해볼까?

아이: 1 : 550 = 3 : □로 식을 세워보면…… 라면 3개를 끓이는 데는 물 1650ml가 필요해요!

부모: 채원이가 좋아하는 붕어빵이 3개에 2000원이네? 지금 우리한테는 현금이 10000원 있는데, 그럼 붕어빵을 몇 개 살 수 있을까? 비례식으로 생각해볼까?

아이: 3 : 2000 = □ : 10000이니까 15개나 살 수 있어요!

이러한 대화 내용은 실제로 교과서에 나오는 다음의 비례식 문제와 다를 바 없다.

문제 1 어머니께서 흰쌀과 현미를 7 : 3으로 섞어서 밥을 지으시려고 합니다. 흰쌀을 840g 넣었다면 현미는 몇 g을 넣어야 할까요?

문제 2 색연필 5자루가 10000원일 때 색연필 30자루는 얼마일까요?

아이들 입장에선 언뜻 복잡하고 어려운 문제처럼 느껴질 수 있다. 그러나 앞서의 대화들처럼 똑같은 구성의 문제를 일상생활에서 부모와 대화로 자주 접하다 보면 비례식의 개념 또한 확실히 인지될 것이다. 이렇게 비와 비례식을 단단히 배운 아이들이 중학 과정의 방정식과 함수도 문제없이 해낸다는 점을 기억해두자.

6장

부모 수학 고민 해결소

수포자인 내가
엄마표 수학을 해도 될까?

"요즘 애들 수학은 왜 이리 어려워요? 예전에 우리가 배웠던 때랑 너무 달라요."

"저는 문제를 읽어도 무슨 말인지 모르겠더라고요."

"저부터가 수포자인데 아이 수학 공부를 어떻게 봐주겠어요. 애아빠한테 부탁하거나 학원에 보내야죠."

이런 학부모에게 나는 "엄마표 수학 공부, 완전 가능합니다."라는 답을 먼저 드린다. 가능함을 넘어, 초등 시절에는 엄마표 수학 공부가 어느 정도 이뤄져야 한다는 이야기도 덧붙여서 말이다.

엄마표 수학이란 학교나 학원의 선생님처럼 수학을 가르쳐야 한다는 뜻이 아니다. 수학 도서를 아이와 함께 읽고 대화를 나누는 과정에서 아이가 수학 어휘나 개념을 잘 이해하고 있는지를 확인하는 정도면 된다. 학교나 학원에선 학생 개개인을 일일이 확인해줄 만큼의 여력이 없으니,

이런 측면을 가정에서 보완해주는 것으로 충분하다는 뜻이다.

사실 부모가 수학을 잘 모르는 것은 아이에게 오히려 더 좋을 수 있다. 개념을 같이 이해해나가고 문제집도 함께 풀어보는 편이 아이 입장에선 더 즐거울 것이기 때문이다. 내가 가르쳤던 학생 하나도 "선생님은 다른 학원 선생님과 다르게 질문하며 같이 풀어주셔서 좋아요!"라 말한 적이 있는데, 이처럼 무언가를 같이 한다는 건 누구에게나 힘이 된다. 그러니 부모라면 모든 걸 알아야 한다는 생각을 버리고, 모르는 걸 알아가는 과정을 아이와 함께 해주자.

수포자 부모라도 책은 읽을 수 있다. 수포자라는 생각에 먼저 위축될 필요가 전혀 없다는 의미다. '내가 수포자이니 수학을 가르칠 수 없어.'라는 고정관념을 버리고 아이를 위해 용기를 내보자. 책을 같이 읽고 대화를 나누며 아이의 부족한 부분을 채워주는 것, 그것으로 충분하다.

아이와 같이 수학 도서를 읽어보면 의외로 쉽고 재미있어 이해도 잘될 것이다. 수학 도서를 읽은 후 수학 문제집을 슬쩍 보면 '수학이 이렇게 재미있는 과목이었나?' 하는 생각이 들 수도 있다. 나도 이런 경우의 예에 해당한다. 학창 시절의 나는 국사와 사회를 못 하고 싫어하는 학생이었는데, 아이를 키우며 그런 콘텐츠의 전집을 함께 읽다 보니 재미가 생겨난 것이다.

아이가 문제집을 풀 때 옆에서 함께 고민해주고 풀어보면 아이도 스스로 생각할 힘이 더 생길 것이다. 하지만 문제집 푸는 것만 공부라 여기거나, 힘들게 도구를 준비해 수학 놀이를 해줘야 엄마표 수학이라 생각하지 말자. 가르쳐야 한다는 생각을 버리고, 질문을 던지고 그 질문에 답하기 위해 아이가 스스로 생각하게끔 해주는 것으로 충분하다는 확신과 믿음을 갖자.

아이들 수학을 봐주려면 부모도 수학을 공부해야 할까?

아이에게 수학 관련 이야기를 해주려면 부모가 그에 대해 어느 정도 알고 있어야 할 필요는 있다. 그러나 이는 문제 풀이법을 공부해야 한다는 게 아니라 개념을 파악하고 이해해야 한다는 뜻이다.

'개념의 파악과 이해'는 쉬워 보이지만 결코 쉽지 않은 일이다. 특히 나를 포함한 현재 학부모 세대는 암기식으로 수학을 공부했기에 더욱 그렇다. 아이에게 '개념을 가르쳐준다'고 생각은 하지만, 정작 실제로 가르쳐주는 건 암기식 교육의 내용일 경우가 많은 것이다.

예전에 가르쳤던 학생 중 한 명도 이런 예에 해당한다. 하루는 그 학생에게 숙제로 해올 문제들을 내주며 "스스로 생각해서 풀어보고, 모르는 문제엔 체크를 해 와."라고 얘기했다. 그다음 수업에 와서 아이가 낸 숙제를 보니 모든 문제가 정답이었다. 그래서 "이 문제는 어떻게 풀었는지 한 번 설명해볼까?" 하고 물었는데, 아이의 대답은 "전체 수 나누기 분모를 하고 분자를 곱해서 풀었어요."였다. 왜 그런 과정을 거치는지를 설명하지 못하는, 전형적인 암기식·기계식 풀이 방식의 답이었다. 혹시나 싶어 "부모님이 알려주신 거니?"라 물었더니 아이는 고개를 끄덕였다.

얼마 전 가족들과 찜질방에 갔다가 접한 장면이 기억난다. 가족들이 모여 앉아 도란도란 대화를 하고 있었는데, 식사 코너에서 느닷없이 큰 소리가 들려왔다.

"0 더하기 3은 뭐냐고오!"

"으이그, 아까 했는데 그것도 모르니!"

아이를 다그치며 화내는 어느 엄마가 그 주인공이었다. 나는 그 아이가 너무나 안쓰러웠다. 어쩌다 아이는 찜질방까지 문제집을 가지고 오게 된 걸까, 호되게 다그치는 엄마 목소리에 제대로 공부는 될까 등 이런저런 생각이 들었다. 어떤 사정이 있어 찜질방에서도 문제집을 풀어야 했던 건지는 모르겠으나, 과연 찜질방이 아이가 집중할 만한 환경이라 할 수 있을까?

계속 강조하는 바지만 초등 때는 '즐겁게 접하기'를 바탕으로 '왜'에 초점을 맞춰 공부할 수 있도록 도와주어야 한다. 아이를 가르치다가 화가 날 것 같다거나, 자신도 모르게 자꾸 암기식 방향으로 가르칠 것 같다 싶으면 학원 선생님 등의 전문가로부터 도움을 받는 것이 좋다. 엄마표 수학에서는 '눈높이에 맞는 수학 관련 도서와 대화를 통해 아이가 즐겁게 수학을 익히게 해주기'가 가장 중요하다는 것, 그리고 '아이가 개념을 정확히 이해하고 있는가의 여부'를 체크해주는 것만으로도 충분하다는 걸 꼭 기억해두어야 한다.

아이의 수학 공부, 언제까지 봐줘야 할까?

단도직입적으로 답부터 이야기하자면, 이 질문에 대한 답은 '아이마다 다르다.'다. 부모가 도와주는 것은 아이가 스스로 수학 공부 방법을 터득할 때까지 계속되어야 하기 때문이다. 그리고 '스스로 하는 수학 공부'의 기준은 문제의 의미와 풀이를 스스로 설명할 수 있는가의 여부가 되어야 한다.

당연한 말이지만, 어른들이 알려주지 않으면 아이들은 어떤 공부 방식이 올바른 것인지, 제대로 된 공부인지 알 수 없다. 다른 과목들에도 저마다 효과적인 공부 방법들이 있겠지만, 수학만큼은 새로운 개념이 처음 나올 때 반드시 정확히 이해해야 한다. 그리고 이 단계가 잘 이뤄지면 문제를 풀 때에도 자신의 사고력으로 그 과정을 해나갈 뿐 아니라 설명하는 것도 가능하다.

다만 이 과정을 학교나 학원의 선생님들이 해줄 거라고 생각해선 안 된다. 학교는 학생 수가 많고, 학원은 '점수 향상'이라는 뚜렷한 결과를 내야 하기에 진도 나가고 문제를 풀어주는 시간조차도 부족하기 때문이다.

모르는 문제 하나에도 자신의 시간을 오롯이 쏟아 고민하고 생각하는 것, 그것이 올바른 공부 방식임을 부모가 알려줘야 한다. 이렇게 스스로 해결하는 방식으로 공부한 아이여야 입시에서뿐 아니라 더 나아가 사회에서도 성공할 수 있다.

"초등 성적은 엄마 성적, 중등 성적은 학원 성적, 고등 성적은 학생 성적"이라는 말이 있다(『공부머리 독서법』, 최승필, 책구루, 2018, p.27). "초등 성적은 엄마 성적, 중등 성적은 학원 성적, 고등 성적은 아이의 공부머리와 체력"도 엄마들 사이에서 흔히 듣는 말이다.

그런데 '엄마'와 '학원'이 아이에게 진정한 힘이 될까? 대학 진학까지야 어찌저찌 가능하다 해도, 사회에서의 생활까지 스스로 고민하고 판단하며 해나가는 아이가 되긴 힘들 것이다. 그런 사람이 되려면 우선 학창 시절의 공부부터 스스로 해나가야 한다. 그렇기에 부모는 아이가 스스로 공부하는 존재가 될 수 있게끔 이끌어줘야 하는 것이다. 수학 공부에 있어서만큼은 '문제의 의미와 풀이를 스스로 설명할 수 있는가'의 여부를 기준으로 삼아서 말이다.

현대 사회는 아이가 스스로 생각할 시간을 당최 주지 않는다. 그럼에도 우리는 부모이기에 장기적인 시각에서 아이를 키워내야 한다. 아이 스스로가 개념을 정확히 인지하고 문제에 적용하며, 모르는 문제는 1시간이든 하루든 파고드는 것이 옳은 공부법임을 꾸준히 알려줘야 하는 것이다. 말뿐이 아닌 행동으로, 그러니까 수학 도서를 같이 읽고 수학 대화를 나누는 과정을 함께하면서 말이다.

책 안 읽으려는 아이, 어떻게 해야 할까?

"그 집 애는 어쩜 그렇게 책을 좋아해요?"

"우리 애는 TV나 보려고 하지, 책은 읽어라 읽어라 해도 근처에도 안 가서 큰일이에요."

"TV를 보면 차라리 낫겠어요. 우리 애는 밤새 게임만 해요."

"애들 학원 스케줄이 워낙 빡빡해서, 학원 다녀온 후엔 책 읽을 시간이 없어요."

책 읽기가 아이들의 습관으로 자리 잡기까지 가장 필요한 것은 부모의 노력이다. 어른이든 아이든 하기 싫은 것에는 정말 손이 가지 않기 마련이다. 그걸 왜 해야 하는지 이유까지 알 수 없다면 더 그렇다. 그러니 우선은 아이에게 독서의 필요성을 알려줘야 한다. 수학 도서를 읽으면 수학 개념을 쉽게 이해하는 데 큰 도움이 된다는 점을 설명해주자.

그런 다음엔 책 읽을 환경을 조성해주자. 맹자의 어머니가 세 번이나 이사를 한 것은 아들의 교육 환경을 위해서였다. 그만큼 사람은 환경의 영향을 크게 받는 존재인 것이다. 그러니 책보다 재미있기 마련인 TV와 게임기 등을 집 안에서 모두 치우자. 만약 어렵다면 도서관을 적극적으로 이용하자.

서점에든 도서관에든 가면 '수학을 이렇게 재미있게도 설명할 수 있구나.' 하는 생각이 들게 하는 책들을 매우 많이 접할 수 있다. 그중 아이와 함께 읽어볼 책을 고르고, 나란히 앉아 같이 읽고, 그런 뒤엔 읽은 내용을 바탕으로 대화를 나눠보자. 그 경험이 얼마나 좋은지는 해본 사람만 이알 수 있다.

물론 이 모든 과정이 처음부터 부드럽고 완벽하게 흘러 성공에까지 이를 것이라는 보장은 없다. 그럼에도 노력은 꾸준히 이어져야 한다. 아이마다 성향과 특성이 다르기에 부모의 노력이 빛을 발할 순간 또한 아이에 따라 다르다. 그러나 확실한 사실은 그 순간은 반드시 온다는 것이니, 아이의 미래를 생각한다면 인내하고 기다려줘야 한다.

수학 도서를 함께 읽고 대화를 나누는 것은 초등 저학년 때에나 효과적이고, 그러니 초등 고학년이 되어버린 내 아이에겐 적용하기 어려울 것이라는 생각은 하지 말자. 초등 고학년 아이들은 자신이 무언가를 해야 하는 이유를 저학년들보다 잘 파악한다. 뿐만 아니라 텍스트를 읽고 이해하는 능력도 발달되어 있어, 짧은 시간에 상대적으로 많은 수학 도서들을 접하며 개념을 효율적으로 잡아나갈 수 있다.

'책 읽기가 중요한 것 알겠는데 정말 책만 읽히면 다 되는 걸까?' 하는 의심이 들 수도 있다. 하지만 『십팔년 책육아』라는 책에서는 이렇게 말한다.

초등 5학년 수학부터는 진짜 본게임인데, 그때 책 많이 읽은 하은이가 쭉 쭉 치고 올라가더라. 수학 연산 문제집 매일 습관 안 들이면 기초가 부실해지고, 속도에서 처진다고? 웃기시네. 기초는 얼마 안 가 금세 따라잡아.

『십팔년 책육아』, 김선미, RHK, 2019, p.117.

그저 놀기만 해서 점수가 낮은 게 아닌, 수학 도서들을 꾸준히 읽음에도 수학 과목의 점수가 낮은 상태라면 걱정하지 말자. 문제가 되는 건 결과가 눈에 바로 보이지 않아 불안한 부모 마음이지, 아이의 현 상태 자체가 아니기 때문이다. 설사 어릴 때 점수가 나오지 않는다 해도 초등 고학년 또는 중학생 때 점수가 뒤집히는 순간은 분명히 온다는 점을 믿고 꾸준히 수독대 공부법을 실천해나가자.

수학 학습만화,
보게 해도 될까?

아이들은 정말 만화책을 좋아한다. 학습만화도 예외는 아니다. 우선 알록달록 그림이 시선을 사로잡고, 글줄 책에 비해 글자 수가 적고, 그래서 빠른 속도로 읽는 재미가 느껴지기 때문일 것이다. 여러 학습만화를 서점에서 훑어보고 있노라면 요즘 아이들이 부럽기도 하다. 수학, 영어, 과학, 철학, 사회 등의 내용이 만화의 형태로 다채롭게 출간되어 있으니 얼마나 재미있게 공부할 수 있을까 하는 생각이 들어서다.

그래서인지 아이들이 학습만화를 보는 것엔 아무 문제가 없다고 생각하는 부모들이 적지 않다. '학습만화는 일반 만화가 아닌 '학습'만화니까', '책을 아예 안 보는 것보다는 학습만화라도 보는 편이 나으니까' 등이 보다 구체적인 이유일 것이다. 그런데 정말 그런지에 대해선 한 번쯤 생각해볼 필요가 있다.

학습만화'를' 보는 것은 괜찮지만 학습만화'만' 보는 것은 안 된다.

글자를 읽고 이해하는 능력이 문해력인데, 만화만 읽으면 문해력은 기를 수 없다. 때문에 이런 아이들의 문해력을 향상시키려면 부모가 별도의 노력을 기울여야 한다.

물론 학습만화가 도움이 되는 경우는 있다. 스스로 혼자 읽기, 즉 '읽기 독립'을 위해 아이에게 흥미를 주는 요소로 활용될 때가 그렇다. 하지만 이런 경우에도 부모가 먼저 해당 만화의 내용을 살펴볼 필요가 있다. 모든 학습만화가 양질의 교육자료인 것은 아니기 때문이다. 내가 읽어본 수학 학습만화 중에는 스토리와 수학 내용을 억지로 끼워 맞추려는 듯한 것도 있었다. 그런 책들이 아이들에게 줄 수 있는 것이 많지 않음은 충분히 예상할 수 있을 것이다. 아무리 '학습'만화라 해도 이런 것들은 부모가 거르고 아이들에게 안 읽히는 편이 낫다.

참고로, 학습만화 외에 수학 읽기에 흥미를 줄 수 있는 책으로 나는 『어린이 수학동아』를 추천하곤 한다. 교과 내용이 재미있게 설명되는 것은 기본이고 만화 코너와 게임 코너도 구성되어 있어 아이들의 호감도가 높다. 평소 독서를 하지 않아 수학 독서에 거부 반응을 보이는 아이라면 『어린이 수학동아』로 접근해보는 것도 좋은 방법이다. 『어린이 수학동아』는 도서관에도 늘 비치되어 있으니, 매달 구독하는 것이 부담스럽다면 아이와 함께 도서관에서 먼저 접해보는 것도 좋겠다.

선행학습은 어느 정도까지 하는 게 좋을까?

이 질문에 딱 맞는 정답은 없다. 그러나 한 가지 확실하게 말할 수 있는 것은 있다. 아주 특별한 경우가 아니라면 자기 학년보다 1년 이상 앞선 선행을 해나가는 건 별 도움이 되지 않는다는 게 그것이다. 설사 1년 이상 앞서 나가는 중이라 해도, 본래 자기 학년에서 배우는 내용의 심화 과정은 함께 진행하는 상태여야 한다.

무조건 선행이 나쁘다고 말하는 것은 아니니 오해 없길 바란다. 예습은 분명 학습에 도움이 되는 행동이다. 다만 '무리한' 선행, 즉 현재 학년에 맞는 교육 과정을 무시한 채 선행에만 몰두하는 것은 바람직하지 않다는 점을 얘기하는 것이다.

인간은 망각의 동물이라 오늘 배운 것이라도 꾸준히 반복하지 않으면 잊어버리기 마련이다. 개념 설명 한 번 읽고 문제 푼 뒤 채점하고서 해당 부분을 넘어가기보다는, 같은 단원이라도 문제의 난이도를 꾸준히 높여

가며 반복적으로 익히는 것이 중요하다. 최소한 수학만큼은 이렇게 공부해야 나중에 고생하지 않는다.

예를 들어 생각해보자. 내년에 3학년이 되는 학생이라면 겨울방학을 이용해 개념서로 3학년 1학기 과정을 예습할 수 있다. 매일매일 꾸준히 조금씩 해나간다면 이듬해에 3학년 1학기가 시작되고 한 달쯤 지난 뒤엔 개념서를 마칠 수 있을 것이다.

이때 "1학기 진도를 끝냈으니 이젠 2학기 과정을 공부하자."라는 식으로 생각해선 안 된다. 그보다는 1학기 과정에 대한 공부를 응용서, 유형서, 심화서 등의 부교재로 보다 깊게 해나가고, 부족한 부분이 발견되면 보완하는 과정을 거쳐야 한다. 응용서 한 권을 다 마칠 때쯤은 1학기가 마무리되는 시점과 일치할 것이고, 이어지는 여름방학에는 3학년 2학기 것을 같은 방식으로 예습해나가면 된다. 이 방식을 표로 나타내면 다음과 같다.

<table>
<tr><td>1월</td><td rowspan="3">1학기 선행
개념서 예습</td><td></td></tr>
<tr><td>2월</td><td></td></tr>
<tr><td>3월</td><td rowspan="4">1학기 현행
응용 심화서 복습</td></tr>
<tr><td>4월</td><td></td></tr>
<tr><td>5월</td><td></td></tr>
<tr><td>6월</td><td></td></tr>
<tr><td>7월</td><td rowspan="3">2학기 선행
개념서 예습</td><td></td></tr>
<tr><td>8월</td><td></td></tr>
<tr><td>9월</td><td rowspan="4">2학기 현행
응용 심화서 복습</td></tr>
<tr><td>10월</td><td></td></tr>
<tr><td>11월</td><td></td></tr>
<tr><td>12월</td><td></td></tr>
</table>

이렇게 차곡차곡 천천히 해당 학년 과정을 집중해서 공부하는 것이 좋다는 걸 이미 알고 있는 부모들도 많다. 그러나 여러 '카더라' 통신, 다른 아이와의 비교 등으로 인해 반복적으로 불안감에 휘말리다 보면 어느새 선행학습만이 해결책인 듯 착각하기 쉽다.

그럴 땐 그 불안감을 누가 조성하는지 냉철하고 객관적인 시선으로 살펴보자. 이윤을 추구하는 학원은 아닌지, 교육 정보가 부정확한 옆집 엄마는 아닌지 등을 한 발 떨어져 생각해보면 선행학습은 필수 요소가 아님을 깨닫게 될 것이다. 선행보다 중요한 것은 공부 습관이라는 사실도 말이다.

수학 문제집은 어떻게 고르고, 몇 권을 풀게 해야 할까?

이웃집 아이가 수학에서 매번 1등을 한다거나, 아이의 친구 하나가 수학 성적이 갑자기 향상되었다거나 하면 '그 아이들은 무슨 문제집을 풀까?' 궁금해지기 마련이다. 또 유명 수학 학원이나 강사가 교재로 쓰는 문제집은 어떤 것인지도 알고 싶어진다. 궁금해서 알아보는 것 자체야 나쁘진 않지만, 그렇게 알아낸 문제집을 무조건 내 아이에게도 들이밀진 말자. '다른 아이'나 '유명 학원(혹은 강사)'이 문제집 선택의 기준이 되면 안 된다는 뜻이다.

"디딤돌 문제집이 좋대", "만점왕이 괜찮다더라."와 같은 말들은 다 소용없다는 것이 내 생각이다. 다음 페이지의 표는 현재 시중에 나와 있는 초등 수학 문제집을 정리한 것이다. 이걸 보면 알 수 있듯 디딤돌이나 만점왕, 또 다른 어떤 브랜드가 되었든 모든 수학 문제집은 난이도를 기준으로 문제의 형태와 종류, 분량이 나뉜다. 그렇기에 내 아이에게 맞는

난이도 / 출판사	기초(연산)	기본(개념)	응용	심화
비상	• 개념+연산	• 교과서 개념잡기 • 개념+유형 라이트	• 교과서 유형잡기 • 개념+유형 파워	• 최상위탑
신사고	• 쎈 연산	• 개념쎈 • 라이트쎈 • 우공비 • 우공비Q&Q기본	• 쎈 • 우공비Q&Q 표준	• 최상위 쎈 • 우공비Q&Q 발전
디딤돌	• 최상위연산	• 디딤돌 원리 • 디딤돌 기본	• 디딤돌 응용 • 디딤돌 문제유형	• 최상위 S • 최상위 수학
천재교육	• 빅터 연산 • 계산박사 • 수학리더연산	• 수학리더 개념 • 수학리더 기본 • 개념클릭 • 개념 해결의 법칙 • 개념전략 • 해법수학 • 수학의힘 알파	• 수학리더 닥터유형 • 수학리더 기본응용 • 유형 해결의 법칙 • 수학의힘 베타	• 수학리더 응용심화 • 수학리더 최상위 • 최고수준수학 • 최고수준S수학 • 최강 TOT • 수학의힘 감마
동아출판	• 큐브수학 연산	• 큐브수학 개념	• 큐브수학 유형 • 큐브수학 실력 • 큐브수학 개념응용	• 큐브수학 심화
EBS	• 만점왕 연산	• 만점왕	• 만점왕 수학플러스	• 만점왕 수학고난도

문제집을 고르려면 아이가 어떤 난이도에 적합한지를 기준으로 삼아야 한다.

그렇다면 내 아이에게 맞는 난이도는 어떻게 알아볼 수 있을까? 이는 아이가 풀고 있는 문제집의 정답률이 어느 정도인가로 판단하면 된다. 기본서의 정답률이 80% 이상이라면 응용심화서를 풀어야 하고, 50% 이하라면 기초연산서를 택해 개념을 더 공부해야 한다. 만약 응용서의 정답률이 80% 이상이라면 심화서도 함께 보는 것이 좋지만, 정답률이 50% 이하라면 수준에 맞지 않은 문제집을 풀고 있다는 뜻이니 다른 문제집으로 바꿔야 한다.

기본(개념)서에서 정답률이 50% 이하인 아이들은 기초(연산)수준의 문제부터 차근차근 풀게 하자. 수학을 어려워하는 아이들에겐 정답을 하나 둘씩 맞춰나가면서 작은 성취감을 쌓는 과정이 중요하다. 정답률이 80% 이상의 아이라면 응용심화 단계의 문제집들을 풀게 하는 편이 좋다.

다만, 여기서 중요한 점은 아이들에게 선택권을 주어야 한다는 것임을 기억해야 한다. 난이도에 대한 판단은 부모가 내려주되, 어느 브랜드의 문제집을 고를지는 아이가 선택하게끔 해주는 것이다. 아무리 좋은 문제집이라도 아이가 풀지 않으면 소용없다. 그러니 아이가 스스로 선택하게 함으로써 주도적인 느낌도 갖게 하고, 그 선택에 대한 책임도 질 수 있게 해주자. 혹여 아이가 문제집 풀기를 등한시하더라도 "네가 고른 거니 다 풀어!"보다는 "훤이가 고른 문제집이니 끝까지 다 풀어보면 좋겠네~"와 같은 느낌의 말로 동기와 책임감을 부드럽게 자극해주자.

그렇게 고른 문제집을 아이가 드디어 다 풀었다면 작은 파티를 열어주는 것도 동기부여를 지속시켜나가는 좋은 방법이다. "3개월 동안 열심히 공부한 문제집을 오늘 승원이가 드디어 다 풀었네! 우리 가족 모두 승원이에게 잘했다고 축하해주자!" 하고 맛있는 음식을 먹으며 축하하는 것이다. 아마 아이는 성적과 관계없이 앞으로도 문제집을 더 열심히 풀고 싶다는 마음을 갖게 될 것이다.

집에서 문제집을 풀 만한 시간이 없다면, 그래서 이런 축하 파티를 열 계기를 갖기가 어렵다면 아이가 학원에서 다 푼 문제집을 가져왔을 때를 활용해보자. 나 또한 학생들이 다 푼 문제집은 집으로 들려 보내면서 "그동안 열심히 한 지후 많이 칭찬해주세요."라고 알려드리곤 한다. 그러나 생각보다 부모들의 반응이 그리 크지 않아 안타까웠다. 이런 작은 이벤트들이 쌓이면 아이가 공부해나가는 데 큰 힘이 되니, 아이가 자신의 성실함과 노력에 대해 뿌듯함과 성취감을 느낄 수 있도록 부모들도 세심히 신경을 써주면 좋겠다.

문제 풀다 막히면 답지부터 보려 하는 아이, 그냥 둬야 할까?

다음은 가정에서 흔히 접할 수 있는 대화다. 문제집을 풀던 아이가 엄마에게 와서 하소연을 시작한다.

아이: 엄마. 이 문제, 잘 모르겠어요.

엄마: 지난번에도 풀어봤던 문제네. 조금만 더 생각해봐.

아이: 생각해봤는데 기억이 안 나요. 엄마가 알려주세요.

엄마: 엄마는 지금 일하느라 바빠. 문제를 다시 한번 읽어볼래? 그럼 기억날지도 몰라.

아이: 몇 번이나 읽어도 모르겠어요. 그럼 제가 답지 보고 혼자 이해해볼게요.

이 순간 "그래. 그럼 그렇게 해보렴." 하며 아이가 답지를 곧장 볼 수 있게 하는 것은 상당히 위험한 방식이다. 올바른 공부 방향에서 아이가 이탈하는 상황을 방치하는 것이나 마찬가지기 때문이다.

수학은 스스로 문제를 읽고 이해해 풀이법을 생각하고, 식을 세워 풀어나가며 공부해야 하는 과목이다. 그런데 생각하고 궁리해볼 시간을 충분히 주지 않은 채 곧바로 답지를 보게 한다면, 그리고 그런 시간이 쌓이고 쌓이면 나중에 아이는 무조건 무너질 수밖에 없다. 그러므로 이런 상황에선 아이에게 답지를 바로 줄 수 없는 이유를 다음과 같은 방식으로 설명하고 스스로 해결할 수 있는 시간을 충분히 주어야 한다.

"엄마랑 지난번에 한번 풀어본 문제니까 이번에는 네가 스스로 풀 수 있을 것 같은데? 하루가 걸리든 이틀이 걸리든, 아니 그것보다 더 오래 걸리더라도 조금만 더 스스로 생각하고 노력해보면 좋겠어. 그래야 생각하는 힘이 생기고 그 문제가 정말 너의 지식이 되거든."

아이는 이후에 다시 한 번 문제를 봤을 때 "이걸 왜 몰랐지?" 하며 풀이 방법을 생각해낼 수 있다. 그러나 정말 풀지 못한다면 아직 아이가 그 문제를 이해하지 못하고 있다는 신호이니, 관련된 개념과 내용을 다시 공부할 수 있도록 지도해주자.

실제로 나는 학원에서 학생들을 지도할 때 '스스로 풀어보는 것이 중요하다'는 말을 자주 한다. 조금도 생각해보려 하지 않고 그저 모른다는 말만 남발하는 아이에겐 더욱 그렇다. 당장 바뀌진 않는다 해도 내가 한 말들을 마음속 어딘가에 차곡차곡 저장한다고 믿는다. 그래서인지 한 아이는 어느 날 30분 동안 한 문제를 붙들고 고민하다 자기 힘으로 풀어낸 뒤 "우와! 내가 이걸 풀다니! 대박!"이라는 메모를 남겨두기도 했다. 채점을 하다가 그 메모를 발견한 나는 "우와! 30분이나 생각하고 나서 풀어낸 거야? 엄청 대단한걸!" 하며 폭풍 칭찬을 해주었다.

그런가 하면 학부모로부터 이런 내용의 전화를 받은 적도 있다.

"선생님. 우리 서준이에게 숙제로 몇 문제 내주셔서 정말 감사드려요. 서준이가 저녁에 풀다가 어렵다고 하더니 그다음 날 아침에 다시 풀더라고요. 그러고선 '엄마! 이 문제 어제는 안 풀렸는데 오늘은 풀렸어! 드디어 내가 풀었어! 아, 지금 기분 너무 좋아!' 하더라고요. 선생님이 그 문제를 좀 더 생각해보라고 숙제로 내주지 않으셨더라면 이런 성취감을 느낄 기회도 없었겠죠? 감사합니다. 호호호!"

성취의 경험은 어려운 문제를 만나도 끝까지 해보겠다는 의지와 힘을 키워준다. 학원 선생님도 아이에게 해줄 수 있는 일을 부모가 못할 리 없다. "지금 당장 문제를 맞추는 것보다 중요한 건 네가 혼자 힘으로 생각해서 해결하는 과정이야. 그러니 답답하더라도 답지는 가능한 한 보지 말고 문제를 생각해보자."라는 이야기를 아이들에게 꾸준히 해주자. 스스로 해냈다는 그 성취감을 꼭 맛볼 수 있게끔 말이다.

수학 학원은 어떤 기준에서 선택해야 할까?

1장에서 나는 '돈이 아깝지 않은 사교육'을 이야기한 바 있다. 그런 사교육으로 만들기 위한 가장 좋은 방법은 아이가 필요로 할 때 사교육을 시키는 것이다. 이는 수학 학원뿐 아니라 그 어떤 사교육을 선택할 시에도 첫 번째 기준이 되어야 한다.

엄마로서의 나는 아이들이 스스로 먼저 요청하기 전에 내가 먼저 학원에 보내진 않겠다는 확고한 마음이 있다. 또 아이들이 먼저 이야기하는 경우라 해도 어떤 학원에 다니면 좋을지는 스스로 조사해 파악하고, 그 학원에 가야 하는 이유를 엄마에게 설득시키라고 이야기할 생각이다. 부모가 원해서 보낼 때와 아이가 원해서 다닐 때의 상황 및 결과가 다르다는 점을 나는 경험을 통해 똑똑히 알고 있기 때문이다. 각 가정마다 상황이 다르니 모든 부모들이 이렇게 해야 한다고는 생각하지 않는다. 하지만 적어도 꼭 아이에게 도움이 되는 학원을 보냈으면 좋겠다.

두 번째 기준으로 삼아야 할 것은 학원으로부터의 피드백이다. 좋은 학원은 학생의 현재 수준이나 학습 상황, 강점과 약점을 보이는 문제 유형 등을 자주, 또 상세히 부모에게 알려준다.

이런 피드백을 거의 받지 못해 부모가 학원에 요청하면 그저 아이가 잘하고 있다는 이야기만 들려주고 끝내는 곳도 적지 않다. 하지만 이런 학원은 걸러야 한다. 그저 잘하고 있다는 애매한 말로 학생을 잡아두려는 학원일 가능성이 있기 때문이다.

만약 피드백을 요청하고는 싶지만 선생님을 번거롭게 만드는 것 같아 망설여진다면 과감히 그 생각을 무시하자. 부모는 학원이 아이에게 제공하는 교육 서비스를 위해 비용을 결제한 사람이다. 그런 이유로 학원에 갑질을 하는 건 당연히 안 될 일이지만, 아이의 학습에 대한 피드백을 요청하는 데 있어서만큼은 당당해질 필요가 있다는 이야기다.

세 번째 기준으로 삼으면 좋을 것은 '내 아이의 공부 방식과 맞는가?'다. 우리나라 교육청에서 분류한 기준에 따르면 사교육 기관은 '학원', '교습소', '공부방' 등 크게 세 종류로 나뉜다. 명칭이 다르긴 하지만 통상적으로 이 세 종류 모두를 우리는 일반적으로 학원이라 일컫는다. 이름이 다르듯 장단점 또한 다르니 어느 곳이 내 아이에게 더 맞는 곳인지를 살펴볼 필요가 있다.

'학원'의 장점은 시스템이 갖춰져 있다는 점이다. 자체 교재를 마련해 수업하는 곳이 많고, 통원 차량을 운행하는 곳이 많아 접근성 또한 좋다. 단점은 학생 수가 많기 때문에 개인별 관리가 부족할 수 있다는 점, 그리고 정해져 있는 진도를 따르기 때문에 내 아이가 수업 내용을 잘 이해하

분류	학원	교습소	공부방
위치 조건	상가	상가	선생님의 거주지
과목 수	여러 과목	1개 과목	여러 과목
선생님	여러 명	1명	1명

지 못한 채 그냥 넘어갈 수도 있다는 점이다.

'교습소'는 쉽게 말해 1인 운영 학원이다. 원장 한 명이 학생 관리, 수업, 재정 등을 모두 맡아 운영한다. 그런 만큼 학생별로 잘 관리가 되고, 학생에 대한 상담 또한 상세히 이뤄질 수 있다는 것이 장점이다. 단점은 학원에 비해 시스템이 부족하다는 점이다.

'공부방'은 대개 선생님의 거주지에서 수업이 이루어지는 공간이다. 그렇기에 어린 연령의 아이들은 편안함을 느낄 수 있다는 것이 장점이지만, 동시에 학업 분위기나 집중력이 앞서의 두 기관들보다 덜할 수 있다는 단점을 갖는다.

이런 각각의 장단점들을 잘 파악하고, 그중 내 아이의 성향과 어디가 잘 맞을지를 고려해 선택하는 것이 좋다. 일대일, 일대다수 중 어떤 수업 형태가 좋은지에 대해서도 아이와 이야기해보고 결정하자.

그 외 참고할 만한 기준으로는 선생님과 아이의 '궁합'이 있다. 처음 상담을 하러 갈 때는 아이도 그곳의 분위기나 선생님의 느낌을 파악할 수 있도록 함께 가는 편이 좋다. 선생님에게 아이의 성향을 말해주는 것 또한 도움이 된다.

새로운 학원에 아이가 다니기 시작하면, 선생님과 아이가 서로를 파악하는 데는 대개 한 달 정도의 시간이 걸린다. 그러니 한 달이 흐르면 아이에게 학원에 대한 느낌을 물어보자. 부모 생각에는 좋은 학원인데 막상 아이가 싫어한다면 아이에게 맞는 곳으로 옮기는 편이 나을 수도 있다. 어쨌든 학원을 다니는 사람은 아이이기 때문이다. 물론 너무 자주 옮기는 것은 아이에게도 좋지 않은 일이니 지양해야 한다.

100% 모든 것을 만족하는 학원은 찾기 힘들다. 그러니 가장 우선시하는 기준을 하나 잡고 학원을 선택하자. 학원은 내 아이를 기준으로 선택할 것. 누가 뭐라 해도 이것만 생각하면 된다. 교육에 대한 부모의 기준이 확고해야 흔들리지 않으며, 기준이 있어야 올바른 방향으로 갈 수 있다. 아이의 성향을 파악하여 우리 가정만의 교육 기준을 확고히 해두길 바란다.

스스로 공부하지 않는 아이는 어떻게 지도해야 할까?

공부의 효과는 아이가 원해서 할 때 가장 크게 나타난다. 공부할 생각이 없는 학생에게 공부하라고 다그치는 건 잔소리밖에 안 되고, 그런 학생을 학원에 보내는 건 시간과 돈 모두를 낭비하는 일이다. 간혹 "그렇게라도 하지 않으면 절대 공부하는 법이 없는걸요." 하며 하소연하는 부모들이 있는데, 이는 하나만 알고 둘은 모르는 이야기다. 그렇게 등 떠밀리듯 보내진 학원에서 제대로 공부하기란 어려운 일이기 때문이다.

스스로 공부하지 않는 아이라면 그냥 내버려두길 권한다. 학원 다니기 싫다고 하면 과감히 끊어버리자. 다른 친구들은 학원에 갈 시간에 실컷 놀게 하고, 그러다 친구들과 달리 성적이 엄청나게 떨어지는 경험도 하게 해보는 것이다. 이런 유형의 아이들에게 필요한 것은 '결핍'이다.

저출산 문제가 심각한 우리나라에서는 아이 한 명의 존재가 가족 내에서 엄청나게 소중하다. 그래서인지 요즘 아이들은 무엇이든 풍족하게 누리는데, 이는 공부에서도 마찬가지다. 자신이 부족함을 느끼기 전에 부모가 알아서 채워주기 때문이다. 그러나 안타깝게도 아이는 그에 대한 고마움을 모른다.

만약 아이가 부모의 말을 전혀 듣지 않으려 한다면 주변 선생님, 혹은 아이가 좋아하고 따르는 어른과 대화를 할 수 있게 해주자. 내가 가르쳤던 윤정이라는 학생이 그런 경험을 통해 달라진 예였다고 할 수 있다.

외동딸인 윤정이는 부모님으로부터 애지중지, 금이야 옥이야 사랑받으며 자란 학생이었다. 공부 머리도 있는 학생이었는데, 문제는 스스로 공부하지 않는다는 것이었다.

숙제는 수업 시간에 배운 내용을 자기가 잘 알고 있는지 확인하는 과정이 되어야 한다. 그런데 윤정이는 늘 시간에 쫓겨 칸만 채우는 식으로 숙제를 했고, 끝까지 해오는 적도 없어 매번 학원에서 부랴부랴 하기에 바빴다. 그러다 보니 학원에 와서 새로운 진도를 배우는 시간보다는 집에서 해 왔어야 할 숙제를 뒤늦게 하는 시간이 더 많아졌다. 그렇게 하면 안 된다고 윤정이에게 여러 번 경고했지만 그 습관은 고쳐지지 않았고, 부모에게도 말해봤으나 "이렇게라도 학원에 다니는 것에 저희는 만족해요."라는 답이 돌아왔다.

시간이 지나 윤정이가 지각까지 일삼기에 이르렀을 때, 나는 결국 따끔하게 한소리를 하기로 결심했다.

"윤정아. 선생님은 더 이상 이렇게 돈 낭비인 수업은 못 하겠다. 그러니 다른 학원을 알아보렴."

사춘기의 예민한 소녀였으니 삐져서 나가거나 내 말을 무시했을 수도 있었을 것이다. 그러나 다행히 윤정이는 나의 진지한 말에 눈물을 보이며 죄송하다고 사과를 했고, 나는 한 번 더 단호히 일렀다.

"그 사과는 내가 아닌 네 부모님께 해야 해. 너 열심히 공부하라고 학원에 보내주시는 건데 이런 식으로 시간만 낭비하는 모습을 보면 얼마나 속상하시겠니? 선생님은 네 부모님이 속상해하실 수업은 더 이상 할 수 없어. 그러니 오늘은 그냥 책 덮고 집에 가렴. 선생님과 수업을 계속하고 싶다면 정신 똑바로 차리고 와야 할 거야."

그다음 수업에 윤정이는 아주 제대로 한 숙제를 들고 나타났다. 뿐만 아니라 공부에 임하는 모습이 그전과는 정반대로 바뀌었고, 내게 이런 말을 들려주기까지 했다.

"선생님이 그날 해주신 말씀이 너무 와 닿았어요. 그전까지 저한테 그런 말을 해준 사람은 아무도 없었던 것 같아요."

공부를 왜 해야 하는지, 공부가 어떤 점에서 재미있게 느껴지는지, 어떤 공부법이 올바르고 효과적인지를 아이가 깨닫게 하는 게 먼저여야 한다. 이런 점들을 깨달은 아이는 부모나 선생님이 말하지 않아도 스스로 찾아서 공부한다. 그리고 그런 깨달음은 결핍을 통해, 혹은 어른들의 잔소리가 아닌 따끔한 한마디를 통해 얻어질 수 있다.

다른 집 아이들에 비해 우리 아이만 공부를 안 해 뒤처졌다는 생각으로 불안해하지 말자. 우리 아이와 비교 대상이 되어야 할 것은 그 아이들이 아닌 '과거의 우리 아이'다. 과거와 달리 조금씩 달라지는 것, 그것만으로 충분하다. 공부의 중요성을 깨달은 윤정이가 그때부터는 전혀 다른 생각과 모습으로 공부에 임하기 시작한 것처럼 말이다.

몰라봐야 배우고 싶은 마음이 생기고, 공부 환경이 없어져봐야 갖고 싶다는 생각이 든다. 무엇이든 아이에게 주려는 부모의 마음은 이해가 가지만, 때로는 모든 지원을 끊는 방법도 시도해보기를 권한다. 스스로 공부의 필요성을 느낄 수 있도록, 그래서 다시금 지원이 주어질 땐 진심을 다해 열심히 할 수 있도록 말이다.

암산에 약한 아이, 괜찮을까?

저학년 아이들을 가르칠 때 간혹 “엄마가 계산할 때 손가락 쓰지 말랬어요.”라는 말을 듣곤 한다. 물론 아이가 머리를 써서 계산하길 바라는 마음에서 비롯된 말이었을 것이다. 하지만 어릴 때일수록 손가락 발가락을 사용하여 계산해야 한다. 수를 모으거나 갈라보는 걸 실제로 직접 경험하며 계산의 원리를 터득하는 편이 좋기 때문이다. 그 원리를 깨치고 나면 손가락을 쓰라고 해도 쓰지 않는다. 그러니 손가락 사용을 금지하는 것은 아이에게 처음부터 암기하는 수학을 하게 만드는 것이나 다름없다.

위의 질문에 대한 답을 하자면, 암산 못해도 아무 상관없다. 아니, 오히려 손으로 직접 쓰지 않고 머리로만 암산하는 버릇은 위험할 수 있다. 인간은 컴퓨터나 계산기가 아니기에 아무리 암산을 잘하는 학생이라도 실수를 하곤 한다. 수학 문제 풀이에서 오답을 많이 내는 학생 중에는 공부를 잘하는 아이도 적지 않은데, 왜 틀렸는지를 살펴보면 계산상의 실수

탓인 경우가 허다하다. 이런 실수는 손으로 일일이 써가며 계산하기가 귀찮아 암산을 하는 데서 비롯된다. 수학은 연필을 움직여 풀이를 하고, 그것을 눈으로 보면서 생각을 해나가야 하는 과목인데 그저 정답만 찾으려는 목적만 있으니 암산처럼 조금이라도 편한 방식을 택하려는 것이다.

조금 관점을 바꿔, 암산을 실수 없이 잘하면 어떤 점이 좋은지에 대해서도 생각해보자. 암산을 잘한다는 건 계산을 빨리 한다는 것이고, 계산을 빨리 했을 때 좋은 건 문제 풀이에 걸리는 시간을 단축할 수 있다는 점이다. 그런데 그렇게 줄일 수 있는 시간은 얼마나 될까? 아무리 길게 잡아도 1~2분 정도일 것이다. 생각보다 시간 차가 그리 크지 않다는 뜻이다. 그 얼마 안 되는 시간을 줄이기 위해 암산 실력을 키우게 하는 것보다는 정석대로 꼬박꼬박 손을 놀려 문제를 풀게 하는 편이 백 번 낫다.

암산 실력이 곧 수학 실력이라고 착각하지 말자. 수학 실력은 계산 능력이 아니라 스스로 생각해서 문제를 해결하는 능력임을 기억한다면, 아이가 암산을 잘 못한다는 이유로 부모가 불안해할 일은 없을 것이다.

책을 많이 읽는 아이인데 왜 서술형 문제에서 자주 틀릴까?

독서량이 많은 아이인데 서술형 문제를 잘 이해하지 못해 틀리는 경우가 많다면 두 가지 이유가 있을 수 있다. 하나는 문해력이 갖춰져 있긴 하나 수학 어휘를 잘 모르거나 수학 개념이 부족한 경우, 다른 하나는 책을 눈으로 보기만 할 뿐 제대로 읽는 습관은 들지 않아 문해력이 없는 경우다.

첫 번째 경우에 해당한다면, 아이와 함께 수학 사전을 찾아보며 정확한 수학 용어와 수학적 약속을 확실히 인지하도록 지도해주면 된다. 이 과정은 반드시 초등학생일 때 제대로 이뤄져야 한다.

독서량도 많고 다른 과목들에선 모두 100점을 맞는데 유독 수학만 약하다며 우리 학원에 등록한 학생이 있었다. 그 학생과 수업을 해보니 왜 수학 점수만 낮은지를 알 수 있었다. 모든 수학적 약속에 대해 "왜요?"라며 질문을 하는 바람에, 진도를 나가기는커녕 그와 관련된 설명을 해주는 데 모든 시간을 다 써버려야 했던 것이다. "왜 약분해요?", "왜 통분해요?" "왜 최소공배수를 구해야 하는 거예요?", "왜 나눠요?", "2가 왜 소수예요?" 등 질문의 종류도 정말 다양했다.

질문이 많은 건 물론 좋은 일이다. 하지만 이때의 '질문'은 수학 어휘와 약속에 대한 것이 아니라, 개념을 풀이에 적용하는 법에 대한 질문이어야 한다. 그리고 용어와 약속만큼은 이해가 아닌 암기를 해야 한다. 예를 들어 '2는 소수'라는 사실은 그 말 그대로 받아들여야 하는 것이다. 소수란 약수가 1과 자기 자신뿐인 수를 일컫는 용어라고 이미 약속된 것이기 때문이다. 암기식 수학은 안 좋다고 앞서 수없이 이야기했지만, 이때의 '암기식'은 '문제 풀이 방법을 암기하는 방식'의 뜻이라는 점을 알아야 한다.

나중에 들어보니 그 학생은 자기 수준에 맞지 않은 경시대회 문제를 준비하며 암기식으로만 수학을 공부해왔다고 했다. 이미 중학생이 된 아이라 해도 초등 과정에 나오는 개념을 모르는 상태에선 좋은 점수를 받거나 중등 진도를 나갈 수 없는 게 당연했다. 이런 사례에 해당되지 않으려면 초등학생 때 수학의 정확한 용어와 약속을 공부할 수 있도록 지도해줘야 한다.

만약 두 번째 이유, 즉 책은 많이 읽는데 실제 문해력이 갖춰지지 않은 아이라면 부모가 독서를 강요한 것은 아닌지 점검해볼 필요가 있다. 가짜 독서를 하는 데는 아이만의 이유가 있을 것이다. 실제로 내가 만난 학생들 중엔 칭찬받고 싶어서 또는 독서량을 빨리 채우려고 눈으로 대충 보며 페이지만 넘기는 아이들이 있었다.

한편으로는, 아이가 제대로 읽었는지를 확인하고 싶으나 '아이가 스트레스를 받을 수 있으니 책의 내용은 묻지 말라'는 말들도 있어 답답한 부모들도 있을 것이다. 확실히 아이가 책을 읽을 때마다 매번 "독후감 써라.", "활동지 해라." 하는 것은 독서에 대한 흥미를 떨어뜨릴 가능성이 있는 게 사실이다.

내가 많은 부모들에게 "아이와 함께 책을 읽고 대화를 해보세요."라 추천하는 이유가 이것이다. 다만 '너 제대로 읽고 있는 건지 아닌지 한번 보자.' 하는 식이 아닌, 함께 읽은 책에 대해 내 아이와 여러 이야기를 나눠보고 싶다는 마음으로 대화를 갖는 것이 중요하다.

그렇다고 아이와 함께 읽어야 할 책이 언제나 반드시 수학 도서여야 할 필요는 없다. 어떤 분야의 책이든 아이와 읽고 주인공이나 사건에 대한 아이의 느낌은 어떤지, 또 엄마나 아빠는 어떤 생각이 들었는지를 얘기해볼 수 있다면 그것으로 충분하다.

아이의 또래 친구들 및 부모들과 함께 독서 모임을 해보는 것도 좋은 방법이다. '우리 아이는 아직 어린데 그런 모임이 가능할까?'라는 생각도 들 것이다. 물론 고학년생이라면 이야기가 좀 더 잘 통하겠지만, 저학년 아이들과의 대화도 의외로 잘 이뤄질 수 있다.

이상의 방법들을 통해 아이의 수학 어휘와 문해력이 서서히 갖춰진다면, 아이와 함께 수학 도서를 읽은 뒤 서술형 문제를 만들어 독후 활동을 해보자. 자신이 문제를 만들기 위해 생각하는 시간도 공부에 큰 도움이 된다. 이런 경험이 차곡차곡 쌓인다면 어느덧 서술형 문제도 어려워하지 않고 잘 풀어나가는 아이가 될 것이다.

수포자인 게 확실한 아이인데도 수학 공부를 봐줘야 할까?

"저는 학창 시절에 수학을 잘 못했는데, 우리 아이도 저랑 똑같네요. 딱히 수학에 흥미가 있는 것 같지도 않고, 지금 배우는 내용을 이해하기는커녕 이전 학년에 배운 것도 제대로 모르는 것 같아요. 그런 걸 보면 수포자가 확실한 듯한데, 후행학습을 한다고 과연 나아질까요? 그냥 포기하고 다른 과목을 공부하는 편이 더 낫지 않을까요?"

조금 늦었다 싶어도 이전 학년에 배운 내용으로 다시 돌아가 차근차근 공부하면 된다고 얘기하면 부모들로부터 간혹 듣는 말들이다. 그러나 내가 생각하기에, 수포자가 되어야 하는 아이는 세상에 없다. 그저 아이를 수포자로 만드는 부모가 있을 뿐이다.

같은 설명을 해줘도 어떤 아이는 바로 이해하는 데 반해 어떤 아이는 그렇지 않을 수 있다. 그럴 때는 그 아이가 이해할 때까지 알려주면 된다. 다만 앞서 이야기했듯 학교나 학원은 아이들 하나하나를 그렇게 신경 쓰고 이끌어줄 시간적 여유가 없으니, 부모가 이 부분을 챙겨줘야 한다.

사실 자기 아이의 공부를 봐주는 건 힘든 일이다. 내 학생들 중에도 엄마가 수학 선생님인 경우가 제법 있었으니 말이다. 어느 부모든 아이에게 문제집을 풀게 하면서 가르치려 하면 화가 나고 힘들어진다. 이유는 간단하다. 아이에게 지식을 넣어주고 싶은데 아이가 내 마음처럼 쉽게 잘 받아들이질 못하기 때문이다. 그러니 문제집의 문제를 같이 풀며 설명해주려 하기보다는 책을 읽고 수학 대화를 나누고 아이 스스로 생각할 수 있는 질문을 던져주는 편이 훨씬 바람직하다.

그렇게 하다 보면 아이가 어떤 개념이나 어느 부분을 어려워하는지를 부모가 자연스럽게 알게 된다. 아이 스스로 어느 부분을 모르는지 말할 수 있다면 가장 좋겠지만, 어릴수록 메타인지 능력은 낮기 마련이라 부모의 도움이 필요하다. 아이가 이해 못하는 지점을 다시 설명해주고, 그래도 아이가 어려워하면 그 부분을 잘 이해시켜줄 만한 책을 함께 읽는 등 여러 다양한 방법으로 계속해서 알려줘야 한다. 이런 과정을 거치지 못한 채 취약한 부분들이 점차 쌓이고 쌓이다 보면 나중엔 손을 댈 수 없을 정도로 심각한 문제가 된다. 아이가 수학을 포기하는 지경에 이르게 된다는 뜻이다.

어떤 설명이든 한 번만 듣고 단박에 이해하기란 누구에게나 어려운 일이다. 아이가 수학을 못하고 어려워한다 해서 수포자가 되었다고, 혹은 그리 될 거라고 단정하지 말자. 어느 학년의 어느 단원부터 잘 모르고 있는지 파악하고, 거기서부터 다시 공부해나가게끔 부모가 도와주자. 초등학생 시기는 절대 늦은 때가 아니니 지금 당장의 수학 점수보다는 아이

앞에 길게 펼쳐진 수학 인생을 바라보고 격려해주자. 수포자가 되어야만 하는 아이는 세상에 없다는 믿음을 갖고서 말이다.

끝까지 포기하지 않고 롱런하는 법

마지막으로 내가 이야기하고자 하는 것은 단 하나, '재미'다. 재미를 느끼면 그것이 무엇이 됐든 아이뿐만 아니라 어른 또한 스스로 알아서 공부하기 마련이다.

아이가 재미를 느끼게 해주기 위해 부모가 할 수 있는 첫 번째는 수학은 어려운 것이 아니라는 인상을 심어주는 것이다. 사고력 수학이 좋다느니, 어떤 학원이 수학을 잘 가르친다느니 하는 말을 듣고 아이를 이곳저곳 많이 다니게 하면 수학에 대한 인상을 '어렵고 힘든 것'으로 만들기 쉽다. 따라서 아이가 어릴수록 부모는 아이의 흥미를 고려하고, 그것을 바탕으로 수학에 어떻게 재미있게 접근하게 할 수 있는지를 고안해야 한다. 이는 그 어떤 선생님보다도 부모가 더 잘 해낼 수 있는 부분이다.

아이가 노래를 좋아한다면 부모가 수학 내용으로 가사를 바꾼 노래를 알려주고 같이 불러보자. 그림 그리기를 좋아하는 아이라면 같이 읽은 수학 도서의 내용으로 함께 그림을 그려보거나, 글쓰기를 좋아하는 아이라면 수학 일기를 쓰게 해보는 것도 좋다. 수학 일기란 수학 공부를 하면서 알게 된 내용이나 자신이 푼 문제, 느낀 점 등을 기록하는 일기 형식의 글이다. 친구를 좋아하는 아이라면 친구들과 같이 수학을 공부하는 시간을 마련한다거나, 내 경험상 아이들은 퀴즈를 정말 좋아하니 수학 퀴즈 대회를 열어보는 것도 효과적인 방법이 될 수 있다.

이 책에서 설명한 수독대 공부법은 아이들이 수학을 즐거운 것으로 느끼게 하는 나만의 장치 중 하나이기도 하다. 나는 여건상 초등 1~2학년생들을 위주로 수학 도서 수업을 진행 중인데, 신기하게도 학생들은 수학 도서 읽기를 공부라고 생각하지 않는다(이건 고학년생들도 마찬가지다). 하지만 우리가 하는 것은 분명 수학 공부다. 수학 도서를 읽고 다양한 독후 활동을 하며 문제에 적용하다 보면 어느새 아이들 머리에 수학적 사고지식이 자연스럽게 녹아들기 때문이다.

보드게임을 활용한 공부 또한 효과적이다. 다양한 보드게임을 통해 수 및 도형과 관련된 여러 자극을 줄 수 있다. 많은 사람들이 알고 있는 '부루마블 게임'을 통해선 돈 계산을 하면서 수학적 사고력을 기를 수 있다(실제로 우리 아이 역시 이 게임을 하며 덧셈 뺄셈 능력이 향상되었다).

이뿐만 아니라 연산 게임, 경우의 수를 생각해야 하는 게임 등 요즘엔 정말 다양한 종류의 보드게임들이 나와 있어 교육에 활용하기에 좋다. 또 여러 명이 함께하는 과정에서 질서, 배려, 양보, 협동 등의 가치도 배울 수 있다. 집중력을 높이고 생각하게 만드는 스도쿠나 퍼즐도 좋은 교육 수단이 된다.

수학에 긍정적인 태도를 갖는, 수학을 재미있어 하는 아이는 어려운 문제를 만나도 쉽게 포기하지 않고 끝까지 해낸다. 아이가 좋아하는 것을 파악하고 그것을 활용해 수학에 접근할 수 있게 해주자. 그것이 아이가 수학을 포기하지 않고 롱런하게끔 해주는 길일 것이다.

지금까지 말한 수독대 공부법이 어쩌면 실천하기 어렵고 꾸준히 해나갈 수 있을지 의문이 들 수도 있다. 하지만 모든 걱정과 불안을 떨쳐내고 꼭 실행해보길 바란다.

나의 경험상 혼자 하기 힘든 일은 '함께의 힘'을 만드니 꾸준히 지속하는 데 도움이 되었다. 수독대 공부법 실행 중 어려움을 느꼈을 때 힘을 주고, 궁금한 점이 생겼을 때 도와주는 공간을 만들고 싶었다. 수학 독서모임을 꾸릴 사람을 찾고, 좋은 교구는 함께 나눌 수 있는 사람들과 연결되고 싶어서 '모두의 수학서재'를 만들었다. 함께의 힘을 발휘할 사람들을 많이 만날 수 있길 바란다.

끝으로 추천사를 흔쾌히 써주신 김현주 작가님, 늘 응원해주시는 양가 부모님, 엄마가 바빠도 잘 생활해준 멋진 아들과 예쁜 딸, 모든 일을 마음 편히 잘할 수 있도록 뒷받침하고 지지해주는 든든한 남편에게 사랑과 감사를 전한다.

김선홍(서농쌤) 드림

부록

1. 수학 역전 타임, 방학 공략법
2. 수학계통도
3. 학년별 추천 수학 도서

1. 수학 역전 타임, 방학 공략법

방학을 소중한 기회로 활용하자

"책 좋은 건 알겠는데 저는 아이랑 책 읽을 시간이 없어요."

"우리 집은 각자 생활하는 분위기라 아이랑 대화할 시간이 없어요."

"바빠 죽겠는데 언제 아이 수학 도서를 읽겠어요. 저한테 필요한 책도 안 읽는데……."

정말 시간이 없을까? 가슴에 손을 얹고 생각해보자. 며칠씩 시간을 비우라는 것도, 수학 도서 읽기든 수학 대화든 각 잡고 앉아 완벽하게 하라는 것도 아니다. 하루 24시간 중 20여 분의 여유시간도 정말 없는 걸까? 대화를 잘 안 하는 가정이라면 계속 그렇게 유지하는 것이 옳을까? 아이와 대화하며 관계를 회복하는 게 맞는 것 아닐까?

'시간 없다'는 말은 핑계다. 부모부터가 노력하지 않는데 아이더러 노력하라고, 바뀌라고 하는 건 욕심이다. 아이가 잘되길 바란다면 그 마음에 맞춰 부모도 변해야 한다. 반드시 매일 아이와 함께 책을 읽으라는 것은 아니다. 또 함께 읽으라는 이유는 부모가 그 책의 내용을 알아야 아이와 대화를 할 수 있기 때문이지, 부모도 수학을 공부해야 하기 때문이 아니다. 생활에서 수학 대화를 할 수 있는 적절한 상황이 만들어졌을 때, 부모가 책의 내용을 알고 있어야 아이에게 생각해볼 만한 질문을 던질 수 있다. 그러니 부담 갖지 말고 시작하길 바란다.

그래도 평소 너무 바쁘고 시간이 없는 상황이라면 방학만이라도 잘 활용해보자. 방학 기간 동안 아이가 수학 도서를 평소보다 가까이하고 쉽게 읽을 수 있는 환경을 만들어주자는 것이다. 함께 책을 읽고 이야기를 나누며 방학을 보내고 나면 그전보다 아이와의 관계도 한층 더 끈끈해졌음을 느낄 수 있을 것이다.

아이와 해보는 수학 데이트

나는 수학만큼 모든 것을 아우르는 과목이 없다고 생각한다. 문제를 잘 읽고 이해해야 하니 (국어만큼은 아니지만) 문해력도 요구되고 어떻게 문제를 풀어야 할지 궁리해야 하니 사고력도, 효율적인 방법으로 식을 세워야 하니 논리력도, 계산도 정확해야 하니 연산력도 필요하다. 내가 푼 문제를 설명까지 잘 해내면 발표력도 기를 수 있다.

보통 사람들은 수학은 계산이라고 여겨, 계산은 계산기만 있으면 되는데 수학을 왜 배워야 하는지 의문을 품는다. 누군가는 미분 적분이 생활에서 무슨 필요가 있냐고 생각하기도 한다. 어른들도 이런 생각을 하는데 아이들도 수학 공부 왜 해야 하는지 모르는 건 당연하다. 그래서 알려줘야 한다. 공부할 동기가 스스로 생겨나면 너무 좋겠지만, 그런 일은 기적에 가깝다. 공부할 동기가 생길 수 있는 대화를 부모가 해줘야 한다.

내가 가르친 학생 중에 공부를 포기하려고 하던 때 나를 만난 학생이 있었다. 아이에게 공부하는 방법과 이유를 꾸준히 이야기해주다 보니 본인만의 동기를 찾게 되었고 스스로 생각하여 열심히 공부했다. 수업 마지막 날 나에게 준 편지 안에는 본인의 이야기를 들어주고 대화해주고 공부 방법을 알려주어 고맙다는 이야기가 가득했다. 왜 공부해야 하는지, 어떻게 공부해야 하는지 아이는 몰랐던 거다.

주말이나 방학을 이용해, 하루 정도는 아이와 바깥으로 나가서 수학 데이트를 해보자. 수학 데이트란 말 그대로 수학 이야기를 하는 데이트다. 수학 데이트를 하자고 하며 아이를 데리고 시내로 나가보자. 수학 데이트가 뭔지 호기심이 생겨 아이의 마음도 들뜰 것이다. 아이가 어리다면 그저 부모와 같이 시간을 보낸다는 것에 기뻐할 것이다.

고학년 아이라면 부모가 좀 더 많은 이야기를 구체적으로 해줄 수 있다. 우리나라에서는 수학을 못 하면 자기가 하고 싶은 일을 못 할 수도 있다는 현실, 그간 부모가 인생을 살면서 느낀 '공부해야 하는 이유', 그와 관련된 경험 등을 들려줌으로써 공부에 대한 아이의 동기가 생겨날 수 있게 해주는 것이다.

더불어 공부에 대한 아이의 생각도 들어보자. 공부하는 것이 힘들진 않은지, 다니는 학원은 만족스러운지, 선생님과의 궁합은 괜찮은지 등도 물어보면 좋다. 아이의 대답이 긍정적이든 부정적이든 우선은 이해해주자. 부모님이 자기 생각을 듣고 이해해준다면 아이는 얼마나 좋을까? 이런 이야기는 꼭 집 안이 아닌 밖에서 나누길 권한다.

공부에 관한 이야기 후엔 수학 데이트 장소 중 수학 요소를 발견할 수 있는 곳에서 다양한 대화를 해보자. 영화관에 갔다면 영화 시작 시각과 끝나는 시각을 확인하여 러닝타임을 계산해보거나 극장에 들어가 스크린 비율을 생각해볼 수 있겠다. 식당에 갔다면 테이블과 의자의 개수가 각각 몇 개인지 알아보는 곱셈식을 세워보는 것도 가능하다. 그 외에도 문구점에서는 물건 금액을 비교하고 돈 지불하기, 길거리에선 간판의 길이 어림하기, 화장품 가게에 가서 화장품들의 무게를 비교해보기, 오락실에서 게임하고 나오는 점수(소수가 나오면 더 좋다)들을 모두 더해보기 등, 잘 살펴보면 수학 대화와 활동의 재료로 삼을 것들은 매우 많다. 이렇게 재미있는 수학 활동으로 가득한 하루를 방학 때 자주 갖는다면 수학에 대한 아이의 흥미가 높아짐은 물론 부모와 아이의 관계도 돈독해질 것이다.

아이의 약점을 보완하는 방법

앞서 이야기했듯 같은 것을 배우더라도 아이마다 이해하는 속도가 다르다. 따라서 우리 아이는 어떤 단원이 부족한지 먼저 살펴보고, 방학 기간을 약점 보완의 시기로 활용하면 좋다.

아이의 약점은 아이가 학기 중에 풀었던 문제집을 다시 살펴보며 파악할 수 있다. 그 문제집에서 오답이 가장 많은 단원이 아이의 약점에 해당하기 때문이다. 만약 전체 단원평가를 해볼 수 있는 문제집이 있다면 그걸 풀게 한 뒤 어느 부분이 약한지를 살펴봐도 좋다.

요즘은 수학 교재가 매우 잘 나와서 도형이나 연산 등 각 영역의 문제들만 모아둔 문제집도 있다. 그러니 아이가 어느 단원에서 약한지를 파악한 후에는 그에 맞는 문제집을 골라 방학 때 풀면서 보충할 수 있게 하자. 개념 자체부터를 잘 이해하지 못하는 상태라면 관련 수학 도서를 많이 읽히고 생활 속에서 수학 대화를 나눠보자.

이런 과정을 거친 뒤에는 아이의 약점이 잘 보완되었는지 점검해보는 것이 좋은데, 그 방법은 아이가 선생님이 되어 설명을 해보게끔 하는 것이다. "이 문제는 어떻게 풀었어? 한번 설명해보자."라 이야기했는데 아이가 거부감을 느끼는 듯 보인다면 설명을 요청하는 이유를 차분히 말해주자. "설명을 들어야 ○○이가 이 문제를 잘 아는지 모르는지 확인할 수 있거든. 아직 잘 모르겠으면 엄마가 다시 알려줄 수 있어."라는 식이면 된다. 만약 아이가 스스로 설명할 수 없다면 아직 정확히 이해하지 못했을 가능성이 크다는 뜻임을 기억하자.

또 다른 중요한 점 하나는, 모르는 것을 모른다고 이야기하는 행동을 부끄러워해서는 안 된다고 아이에게 알려주는 것이다. 우리가 뭔가를 배우는 것은 그것을 아직 모르고 있기 때문이다. 또 인간은 누구나 한 번 설명을 들어도 단박에 이해하기가 쉽지 않다. 그럼에도 대부분의 아이들은 자기가 모른다는 이야기를 잘 하지 않는다. 설명을 들을 때는 아는 것 같아서, 또 모른다고 말하는 게 부끄러워서다. 그러나 이런 자세는 자신의 현재 상태를 객관적으로 파악하지 못하게 한다. 자신이 무엇을 알고 무엇을 모르는지를 알지 못하게 하는, 다시 말해 메타인지가 불가능하게 만드는 것이다.

설명을 들을 때는 누구나 다 이해한 것 같다는 느낌이 든다. 하지만 스스로 생각해봤을 때 잘 모르겠다면 그건 모르는 상태인 것이다. 그 상태를 스스로 인지해야 공부도 스스로 할 수 있다는 점을 알려주면 아이도 앎과 모름을 분명히 파악해야 할 필요성을 인정하고 받아들이게 된다. 수학 데이트를 할 때 이런 이야기를 해줘도 좋을 것이다.

아이가 설명하는 모습을 카메라로 촬영해 직접 볼 수 있게 하는 것도 아이의 성향에 따라선 좋은 방법일 수 있다. 마치 수학 전문 유튜버가 된 것처럼 문제 풀이법을 영상으로 남기는 활동에 흥미를 느끼는 아이들이 적지 않기 때문이다. 그렇게 찍은 영상을 식구들끼리 보는 것도 좋지만, 아이의 블로그나 유튜브 계정을 만들어 친척들과 공유하며 댓글로 칭찬을 받게끔 해주는 방법도 좋다. 저학년 아이라면 재미를 느끼며 신기해할 것이고, 고학년이라면 공부 기록을 쌓음과 동시에 복습 시 활용 가능한 자료를 만들어나간다는 점에서 좋아할 것이다.

엄마표 수학, 이렇게 하면 좀 더 쉽다

엄마표 수학이나 수학 놀이 관련된 책들, 또는 SNS에 올라온 수학 놀이 영상 등을 보면 입이 떡 벌어진다. '우와! 다들 어떻게 저렇게 만들고 실제로 하는 거지?' 하는 생각이 들어서다.

나는 그렇게 부지런한 선생님과 엄마가 아니라서 직접 수학 놀이용 도구를 만들어본 적이 없다. 하지만 아이들의 수학 공부를 위해 만드는 것들은 있다. 컴퓨터만 있으면 누구든 만들 수 있으니 많은 부모들이 참고해본다면 좋겠다.

오답 프린트

오답 노트는 틀린 문제를 스스로 다시 풀어보며 왜 틀렸는지, 어떤 방법으로 풀면 되는지를 쓰며 공부하는 노트다. 이런 과정은 수학 공부에서 반드시 필요하다. 틀린 이유를 스스로 깨닫고 문제를 다시 한번 풀면서 이해하고 나면, 다음에 그와 유사한 유형의 문제를 만났을 때 정답을 낼 확률이 높기 때문이다. 이것이 오답 노트의 순기능이다.

그런데 학원 강사로 일하던 예전에, 이런 순기능이 발휘되지 못하는 상황을 목격했다. 아이들은 자기가 틀린 문제와 답지의 풀이 과정을 베껴서 오답 노트를 만들고 있었던 것이다. 자기 스스로 돌아보고 생각하는 과정이 없으니 오답 노트의 목표 자체가 사라진 셈이나 마찬가지인데, 어쨌든 오답 노트라는 결과물을 만들어냈다는 이유로 아이들은 자신들이 공부를 했다고 착각하고 있었다.

그래서 나는 아이들이 문제를 베낄 시간은 줄이면서도 오답 문제를 다시 풀며 스스로 생각하게 할 수 있는 도구를 고안해냈다. 내가 직접 아이들의 오답 노트, 아니 오답 프린트를 만들어준 것이다.

방법은 간단하다. 아이가 문제집을 풀다가 틀린 문제들 중 특히 고민하며 생각해봐야 하는 것들을 고르고, 그걸 한글 프로그램에서 직접 타이핑해 인쇄한 뒤 아이에게 다시 풀어보게 하면 된다(그림이 포함된 문제는 사진을 찍어 붙여 넣는다). 이렇게 하면 아이는 해당 문제를 왜 틀렸는지 생각하고, 올바른 풀이 방법을 고민하며 진짜 공부를 하게 된다. 지루하게 문제를 베껴 쓰는 시간은 절약되고 말이다.

이는 아이를 학원을 보내지 않는 부모든, 학원에는 보내지만 부족한 부분을 보충해주고 싶은 부모든 모두가 손쉽게 적용해볼 만한 방법이다. 그저 시간이 될 때 한 단원의 문제들을 살펴본 뒤 틀린 것들을 모아 만들면 되기 때문이다. 이러한 오답 문제들을 컴퓨터에 단원별로 저장해두면 이후에도 출력해서 반복적으로 풀어볼 수 있다는 장점도 있다.

아이가 2단원이나 3단원을 배우고 있다면, 앞서 끝낸 1단원의 오답 문제들을 이런 방식으로 한 번씩 더 풀게 해주자. 반복할수록 오답률이 줄어든다면 확실히 이해했다는 증거이고, 그렇지 않다면 복습이 더 필요한 상태라고 생각하면 된다. 단, 같은 문제를 자주 풀면 답을 외울 가능성도 있으니 숫자를 바꿔가며 풀어보게 하는 것도 좋다.

대칭 찾기 글자

도형 중 대칭에 관한 책을 읽었을 때 실제로 대칭인 것들을 찾아보는 활동지도 아주 쉽게 만들 수 있다. 이것 또한 한글 프로그램을 이용하면 되는데, 조금 큰 글자 크기로 알파벳 대문자나 한글 자음 또는 숫자를 써서 인쇄하면 끝이다. 인쇄된 글자들을 아이에게 보여주고, 그중 대칭이 되는 것들을 찾아 대칭축을 스스로 그려보게 하자. 간편하게 만든 종이 한 장으로 대칭이라는 개념을 매우 쉽게 이해시킬 수 있을 것이다.

연산 빙고용 판

다섯 칸, 다섯 줄의 표만 그려서 인쇄하면 끝이다. 연산 빙고는 숫자 범위를 제시한 뒤 일반 빙고 게임처럼 빙고판에 숫자를 쓰고 돌아가며 말하고 칠하는 게임이다. 차이가 있다면 숫자를 곧바로 말하는 게 아니라, 해당 숫자가 답으로 나오는 식을 제시한다는 것이다. 말하자면 식 세우기와 연산 능력을 모두 활용해야 하는 게임이라 놀이와 공부, 두 마리 토끼를 모두 잡을 수 있다. 참고로 이 게임은 5학년 과정에 나오는 혼합계산 부분에서 가장 유용하게 활용될 수 있고, 분수 셈을 공부할 때에도 효과적이다.

지금까지 이야기한 방법들은 사실 크게 대단한 것들이 아니다. 아이의 수학 공부에 관심이 있는 부모라면 약간의 시간을 투자해 아이와 해볼 만한 작은 활동들이기 때문이다. 또한 들이는 시간과 노력에 비해 아주 좋은 효과를 거둘 수 있는 활동들이기도 하다. 그러니 무엇보다 내 아이가 즐겁게 수학을 익힐 수 있다는 데 의의를 두고, 최소한 방학 때만이라도 이런 활동들을 자주 함으로써 수학에 대한 아이의 흥미를 높여주자.

2. 학년별 추천 수학 도서

* 학년에 따른 구분이긴 하나 아이의 실력을 고려해 읽혀주세요.

* 전집/시리즈의 경우 신작이 추가되곤 하기에 출간년도를 기재하지 않았습니다.

1) 단행본

◆ 초등 저학년용

- 『1, 2학년이 꼭 읽어야 할 교과서 수학동화』, 이경윤 지음, 효리원, 2020.
- 『동전이 열리는 나무』, 낸시 켈리 알렌 지음, 박영훈 옮김, 주니어김영사, 2019.
- 『비교쟁이 콧수염 임금님』, 서지원 지음, 나무생각, 2024.
- 『사각사각정사각 도형나라로!』, 고희정, 토토북, 2012.
- 『서커스단의 도둑 사건』, 아나 알론소 지음, 유 아가다 옮김, 영림카디널, 2016.
- 『수학 나라의 앨리스』, 알렉산드라 라이트 지음, 박영훈·이미경 옮김, 주니어김영사, 2019.
- 『수학 마녀의 백점 수학』, 서지원 지음, 처음주니어, 2009.
- 『수학아 수학아 나 좀 도와줘 1』, 조성실 지음, 삼성당, 2019.

- 『수학아 수학아 나 좀 도와줘 2』, 조성실 지음, 삼성당, 2022.
- 『수학왕 바코』, 오주영 지음, 사계절, 2017.
- 『수학은 너무 어려워』, 베아트리스 루에 지음, 최윤정 옮김, 비룡소, 2022.
- 『수학을 사랑한 아이』, 데보라 하일리그먼 지음, 이혜선 옮김, 봄나무, 2013.
- 『수학의 저주』, 존 셰스카 지음, 여태경 옮김, 시공주니어, 1997.
- 『수학이솝우화』, 나가사와 슈이치 지음, 이수경 옮김, 살림어린이, 2009.
- 『숫자 전쟁』, 후안 다리엔 지음, 박지영 옮김, 파란자전거, 2010.
- 『숫자가 무서워』, 조은수 지음, 만만한책방, 2018.
- 『숫자의 발명』, 안나 체라솔리 지음, 이현경 옮김, 봄나무, 2013.
- 『아인슈타인이 보내는 편지』, 린 배러시 지음, 이연주 옮김, 비룡소, 2007.
- 『어린왕자와 함께 떠나는 구구단 여행』, 김재인 엮음, 동인, 2016.
- 『왜 0등은 없을까?』, 이영민 지음, 아르볼, 2010.
- 『왜왜왜? 재미있는 숫자의 세계』, 앙겔라 바인홀트 지음, 최진호 옮김, 크레용하우스, 2017.
- 『초등 1학년이 꼭 알아야 할 수학』, 케이티 데이니스 지음, 신인수 옮김, 어스본코리아, 2021.
- 『코딱지탐정, 숫자도둑을 잡아라!』, 정유숙·권민서 지음, 다다북스, 2021.
- 『파라오의 정사각형』, 안나 체라솔리 지음, 김효정 옮김, 봄나무, 2014.

◆ 초등 고학년용

- 『10일간의 보물찾기』, 권재원 지음, 창비, 2006.
- 『랑이와 쿠리의 수학게임』, 요시모토 쇼코 지음, 이일학 옮김, 초록물고기, 2011.
- 『리틀 수학 천재가 꼭 알아야 할 수학 이야기』, 신경애 지음, 함께자람(교학

사), 2018.

- 『머리가 뻥 뚫리는 수학』, 나카다 노리오 지음, 유용준 옮김, 웅진주니어, 2001.
- 『사라진 명화를 찾아라』, 카린 테르시에 지음, 곽노경 옮김, 주니어김영사, 2008.
- 『선물의 수수께끼를 풀어라』, 나탈리 지메르망 지음, 곽노경 옮김, 주니어김영사, 2008.
- 『수학 귀신』, 한스 마그누스 엔첸스베르거 지음, 고영아 옮김, 비룡소, 2019.
- 『수학 대소동』, 코라 리·길리언 오릴리 지음, 박영훈 옮김, 다산어린이, 2020.
- 『수학 소년, 보물을 찾아라!』, 김용세, 주니어김영사, 2014.
- 『수학으로 바뀌는 세계』, 조니 볼 지음, 이소라 옮김, 비룡소, 2009.
- 『우리 겨레는 수학의 달인』, 안소정 지음, 창비, 2010.
- 『위조지폐단을 잡아라』, 발레리 비도 지음, 곽노경 옮김, 주니어김영사, 2008.
- 『직업으로 수학을 배우는 수학동화』, 이혜옥 지음, 거인, 2020.
- 『콩,콩,콩사마 수학스쿨』, 박소영 지음, 살림어린이, 2007.
- 『통계로 떠나는 세계 여행』, 송은영 지음, 주니어김영사, 2021.
- 『플라톤 삼각형의 비밀』, 김성수 지음, 주니어김영사, 2008.
- 『피타고라스 구출작전』, 김성수 지음, 주니어김영사, 2005.

★ 수학 사전

- 『개념연결 초등수학 용어사전』, 최수일·김남준 지음, 비아에듀, 2024.
- 『교과서 옆 개념 잡는 초등수학 사전』, 커스틴 로저스·루스 러셀 지음, 김

재영 옮김, 주니어김영사, 2020.
- 『와이키즈 수학사전』, 이경미·김은경·윤정심 지음, 와이즈만북스, 2016.
- 『참 쉬운 수학사전』, 전국수학교사모임 초등교육과정팀, 웅진씽크하우스, 2009.

2) 전집/시리즈

◆ 초등 1~4학년용

- '100층짜리 집', 북뱅크.
- '1~3학년을 위한 똑똑 수학동화', 푸른숲주니어.
- '개념씨 수학나무', 그레이트북스.
- '누나는 수다쟁이 과학자', 뜨인돌어린이.
- '돼지학교 수학', 내인생의책.
- '로로로 초등 수학', 국수.
- '속담 속에 숨은 수학', 봄나무
- '솔루토이 수학', 교원.
- '수학 그림동화', 비룡소.
- '수학의 재발견', 뭉치.
- '스토리텔링 수학동화', 예림당.
- '신통방통 수학', 좋은책어린이.
- '우리 수학놀이 하자', 주니어김영사.
- '초등1~2학년 수학동화', 뭉치.
- '초등3~4학년 수학동화', 뭉치.

◆ 초등 5학년~중학생용

- '과학공화국 수학법정', 자음과모음.
- '선생님도 놀란 수학 뒤집기' 기본편, 성우주니어.
- '선생님도 놀란 수학 뒤집기' 심화편, 성우주니어.
- '수학자가 들려주는 수학 이야기', 자음과모음.
- '수학천재의 비법노트', 우리학교.
- '앗, 이렇게 재미있는 수학이!', 주니어김영사.
- '중학교에서도 통하는 초등수학 개념 잡는 수학툰', 성림주니어북.
- '초등 5~6학년 수학동화', 뭉치.

★ 수학 만화

- '개념연결 만화 수학 교과서' 비아에듀.
- '리안의 수학모험', 위두커뮤니케이션즈.

3. 수학 계통도

초등학교						
영역	1학년	2학년	3학년	4학년	5학년	6학년
수와 연산	· 9까지의 수 · 50까지의 수 · 100까지의 수 · 덧셈과 뺄셈	· 세자리 수 · 네자리 수 · 덧셈과 뺄셈 · 곱셈 · 곱셈구구	· 분수와 소수 · 분수 · 덧셈과 뺄셈 · 나눗셈 · 곱셈	· 큰수 · 곱셈과 나눗셈 · 분수의 덧셈과 뺄셈 · 소수의 덧셈과 뺄셈	· 자연수의 혼합계산 · 약수와 배수 · 약분과 통분 · 분수의 덧셈과 뺄셈 · 분수의 곱셈 · 소수의 곱셈	· 분수의 나눗셈 · 소수의 나눗셈
규칙성	· 규칙 찾기	· 규칙 찾기		· 규칙 찾기	· 규칙과 대응	· 비와 비율 · 비례식과 비례배분
도형	· 여러 가지 모양	· 여러 가지 도형	· 평면도형 · 원	· 평면도형의 이동 · 삼각형 · 사각형 · 다각형	· 합동과 대칭 · 직육면체	· 각기둥과 각뿔 · 쌓기나무 · 원기둥, 원뿔, 구
측정	· 비교하기 · 시계 보기	· 길이 재기 · 시각과 시간	· 길이와 시간 · 들이와 무게	· 각도	· 다각형의 둘레와 넓이 · 수의 범위와 어림하기	· 직육면체 부피와 겉넓이 · 원의 넓이
자료와 가능성 (확률과 통계)		· 분류하기 · 표와 그래프	· 자료의 정리	· 막대그래프 · 꺾은선그래프	· 평균과 가능성	· 여러 가지 그래프

	중학교			고등학교		
영역	1학년	2학년	3학년	1학년	교과	2~3학년
수와 연산	· 소인수분해 · 최대공약수와 최소공배수 · 정수와 유리수	· 유리수와 순환소수	· 제곱근과 실수 · 근호를 포함한 식의 계산	· 집합 · 명제	수학1	· 지수함수와 로그함수 · 삼각함수 · 등차수열과 등비수열 · 수열의 합 · 수학적 귀납법
문자와 식	· 문자와 식 · 일차방정식	· 지수법칙 · 단항식과 다항식의 계산 · 연립일차방정식 · 일차부등식	· 다항식의 곱셈 · 인수분해 · 이차방정식	· 다항식의 연산 · 나머지 정리 · 인수분해 · 복소수와 이차방정식 · 여러 가지 방정식과 부등식	수학2	· 함수의 극한과 연속 · 미분계수와 도함수 · 부정적분 · 정적분
함수	· 순서쌍과 좌표그래프 · 정비례와 반비례	· 함수 · 일차함수와 그래프 · 일차함수와 일차방정식의 관계	· 이차함수 · 이차함수와 그래프	· 이차방정식과 이차함수 · 함수 · 유리함수와 무리함수	미적분	· 수열의 극한 · 급수 · 여러 가지 함수의 미분 · 여러 가지 미분법 · 도함수의 활용 · 여러 가지 적분법 · 정적분의 활용
기하	· 기본도형 · 평면도형 · 입체도형	· 삼각형의 성질 · 사각형의 성질 · 도형의 닮음 · 피타고라스 정리	· 삼각비 · 원의 성질	· 평면좌표 · 직선의 방정식 · 원의 방정식 · 도형의 이동	기하	· 이차곡선 · 벡터의 연산 · 평면벡터의 성분과 내역 · 공간도형 · 공간좌표
확률과 통계	· 줄기와 잎그림 · 도수분포표 · 히스토그램 · 도수분포 다각형 · 상대도수	· 경우의 수 · 확률	· 대푯값과 산포도 · 상관관계		확률과 통계	· 순열과 조합 · 이항정리 · 확률의 뜻과 활용 · 조건부 확률